AF453474

LES RAISONS
DES FORCES MOVVANTES
Auec diuerses Machines
Tant vtilles que plaisantes
Aus quelles sont adioints
plusieurs desseings de grotes
Et Fontaines.
Par
SALOMON DE CAVS
Ingenieux et architecte de son
Altesse Palatine Electorale
A Francfort en la boutique de Ian Norton
1615
Mercure
Archimedes.
Herone Alexandrine.

AU ROY
TRES-CHRESTIEN

De Voftre Maiefté le tres-obeiffant fubiect.

S. de Caus.

IRE,

Apres auoir mis fin à ce prefent liure, traitant de la raifon des forces mouuantes, & de plufieurs machines, i'ay doubté fçauoir fi ledit liure meritoit d'eftre dedié à Voftre Maiefté, d'autant qu'aucuns pourront penfer, que ceft art eft pluftoft propre pour des artifans que pour vn Roy, lequel doibt pluftoft employer fon temps à bien gouuerner fes fubiects, à craindre Dieu pour en donner vn general exemple, & à fe faire redoubter à fes ennemis, ces trois chofes font tres requifes à vn PRINCE, car ce font les trois colonnes qui fouftiennent fon Eftat. Et en outre pour gouuerner vn fi grand nombre de peuple, il fera bon qu'il foit, non feulement affifté d'vn nombre de gens verfées en toutes fortes d'arts & fçiences, mais auffi que luy mefme foit aucunement entendu, & fpecialement aux fciences des mathematiques, & à celles qui defpendent d'icelles, a celle fin de n'eftre fubiect a croire aucuns flateurs, lefquels voyant vn PRINCE ingnorant d'icelles, & qu'il fe prefente ocafion de quelque œuure, luy font croire tout autrement que ladite œuure ne peut reufir, tellement que cela tourne quelque fois à la honte & defplaifir dufdit PRINCE, Vitruue excellent Architecte de fon temps, fait mention en l'Efpitre de fon fecond liure, adreffante à l'Empereur Julius Cefar que l'Architecte Dinocrate de Macedone, homme doüé de belle reprefentation de corps, & de hautes imaginations, vint trouuer Alexandre le Grand, luy reprefentant par fon difcours, qu'il auoit formé le mont Athos en fon idée à la refemblance d'vne ftatue d'homme, laquelle pourroit tenir en fa main gauche vne ville fpacieufe, & en fa droite, vne taffe qui receuroit tous les fleuues des montaignes d'alentour, & dela fe defcharger dans la mer, Alexandre trouua le deffeing fort beau, mais confiderant la difficulté qu'il y auroit à aporter des viures en ladite ville, eftant le païs d'alentour fort fterile n'y voulut entendre, & du depuis fit baftir par ledit Architecte, la ville d'Alexandrie, qui eft encores a prefent, ainfi le iugement d'Alexandre furpaffa celuy de Dinocrates d'autant que ce grand ouurage eut efté fait en vain, les PRINCES font fouuent folicitez de tels Architectes & ingenieurs (pluftoft remplis de vaines imaginations que de bons fondements) pour leur faire entreprendre des ouurages lefquelles ne peuuent aporter aucune vtilité ni plaifir, tellement que quand lefdits PRINCES font aucunement entendus, ils peuuent clairement voir par leurs deffeings que l'œuure ne peut eftre faite fuiuant leurs imaginations, toutes ces raifons. SIRE m'ont donné la hardieffe de vous prefenter ledit liure, ou en 7. ou 8. fueilles, font reprefentées les raifons des forces mouuantes le plus briefuement & fuccintement qu'il m'a efté poffible, apres fuiuent quelques machines aucunes vtilles & d'autres plaifantes, & entre les autres Voftre Maiefté en pourra recognoiftre quelques vnes qui peuuent eftre agitées par le feul moyen de la temperature de l'air, lequel fe venant à efchauffer par le moyen du Soleil, ou a fe refroidir par fon defaut, anime lefdites machines, & par ce moyen l'on peut faire des chofes admirables, & fi ie peux entendre que Voftre Maiefté prenne quelque plaifir à ce mien petit œuure, cela me donnera courage de l'augmenter de quelques autres gentils deffeings, qu'il plaife doncques à Voftre dite Maiefté le prendre en gré, atendant que i'aye moyen de la feruir en chofes plus grandes, ie prie Dieu m'en faire la grace, & a vous, SIRE d'eftre maintenu en fa fainéte protection & vous combler de fes graces.

De Heidelberg ce 15. de Feburier   1615.

A MONSIEVR DE CAVS
ANACROTICHE SUR SON NOM.

S   *i les noms ont en eux quelque force & puissance*
A   *uecq, la sagesse, l'on t'imposa le nom,*
L   *e sçauoir vray le rend, dont l'immortel renom,*
O   *ste aux meilleurs Autheurs l'honneur des ta naissance:*
M   *ais si l'esprit des morts, rentre en autre substance,*
O   *u se glisse insensible, auec nostre raison,*
N   *ous penserons de voir celuy de Salomon*

D   *eslié de son corps, faire au tien residence*
E   *estant en ton auril, si sage & entendu*

C   *onioindre la science auec la modestie,*
A   *yant vn esprit meur au printemps de ta vie,*
V   *ne animable douceur coniointe a la vertu,*
S   *y que le grand Dieu t'a, d'ornement reuestu.*

I. L. M.

AUTRE.

S   *y mes vers esgalloyent tes excellents merites,*
A   *uec la verité, ton beau nom glorieux,*
L   *'on verroit esclairer, dans la voufte des cieux,*
O   *u tes rares vertus, seroyent au long descriptes,*
M   *ais ni mon peu d'esprit, ni mesmes les charites,*
O   *sent toucher ce nom, plain de si grand renom,*
N   *ayans compris encore, toutes tes grands merites,*

D   *e moy i'entreprend trop, voulant loüer ce nom,*
E   *n ces vers mal sonnans, pour loüer Salomon,*

C   *ar cest vn nom scauant, aussi scauant est-tu,*
A   *yant des long temps fait, preuue de ta vertu,*
V   *itruue & Archimedes & le subtil Heron,*
S   *ont icy surpassez du sage Salomon.*

P. L. N.

LOVYS par la grace de Dieu Roy de France &
de Navarre, à nos amez & feaulx Conseillers les gens tenant nos
Cours de Parlements, Baillifs, Senefchaux, Prevofts ou leurs Lieutenans & autres nos
Justiciers & officiers quil apartiendra falut. Noftre bien aimé Salomon de Caus
Maiftre Ingenieur eftant de prefent au fervice de noftre Cher & bié aiméCoufin le Prince Electeur Palatin. Nous à faict dire & remonftrer que de Puis quelque temps. Il fe
feroit emploué en la compofition de quelques liures fcauoir l'vn Intitulé les *Raifons des
Forces mouuantes auec plufieurs machines* tant vtilles que plaifantes. Vn auec *De la Theorie
& pratique de Mufique*. Vn autre troifieme ou font demonftrés les *Conftructions de quelques machines Hidrauliques*. Et le quatriefme contient plufieurs *deffeings de grotes Artificielles & Fontaines*, tous lefdicts Liures Vtilles
& profitables au public. Mais d'autant qu'il craint que fur les Copies qu'il en pourroit faire Imprimer, aultres
Libraires & Imprimeurs de ceftuy, noftre royaume fi pourroient Ingerer de les faire Imprimer & mettre en
vente. Le fruftrant par ce moyen de fes frais & labeurs,nous requerant humblement nos lettres, à ce neceffai-
res A CES CAUSES defirant gratifier ledict de CAUS comme eftant noftre fubiect, & l'Inciter d'autant plus à continuer de profiter au public & mefmes à fin qu'il fe puiffe rembourcer des frais qu'il à peu faire tant pour l'Imprimerie defdicts Liures que pour les tailles doulces des Figures qui font dedans,nous luy auons
Permis & Octroyé comme de noftre grace fpecial pleine puiffance & auctorité Royal,luy Permettons & Octroy-
yons par ces Prefentes de faires Imprimer lefdicts Liures par tel Imprimeur que bon luy femblera & mefmes
de le faire vendre & diftribuer par telles perfonnes qu'il voudra choifir & ce durant le terme de fix ans à com-
pter du jour que lefdicts liures feront achevez d'imprimeur pendant lequel temps nous defendons à tous
Imprimeurs & Libraires de ceftuy noftre Royaume de Imprimer ou faire Imprimer lefdicts Liures ou aucuns
d'Iceulx à peine d'amande arbitraire vn tiers à nous l'autre aux pauures, & le troifieme au denonciateur &
mefmes de confifcation de tous lefdicts Liures dont ils feront trouués faifis SY VOUS MANDONS que du
contenu de noftre joufte permiffion, vous laiffiez jouir & vfer plainement & paifiblement celuy ou ceux
qui auront permiffion dudicts de CAUS fans foufrir qui leur foit faict aucun empefchement Car tel eft noftre plaifir, donné a Paris le dixfeptiefme jour de Octobre l'An de grace mil fix cens quatorze & de noftre re-
gne le cinquiefme.

Par le Roy en fon Confeil

Berrueyr.

EPISTRE

Au bening Lecteur,

Où l'Autheur monstre ce que cest que machi-ne & les premiers inuenteurs d'icelles, ensemble l'vtilité que lon peut tirer de ce present Liure.

ENING LECTEUR, ayant à ce present liure à traiter une diuersité de machines, il ne sera mal a propos de monstrer ce que signifie ce mot, & les premiers inventeurs dicelles, & aussi l'utilité que lon en peut tirer, premierement ce mot de machine, comme dit Vitruue signi- *Vitruue li-* fie un' assemblage & ferme conionction de charpenterie, ou autre *vre X.Chap.* materiel, ayant force & mouuement, soit de soymesme, où par quel- *I.* que moyen que ce soit, & y en a de trois genres: l'une appellee des Grecs Acrobactique, & est celle qui sert à monter toutes sortes de fardeaux en haut, dont se seruent les Charpentiers & Massons, & mesmement les Marchands, à tirer toutes sortes de marchandises hors des Nauires, le second genre est dit Pneumatique, lequel acquiert mouuement par leau & l'air, dont il y a diuerses machines, seruantes à la decoration de grotes & fontaines, le troisiesme est dit des Grecs banauson qui sert a esleuer tirer & porter de lieu à autre toutes sortes de fardeaux, & mesmement à seruir de force à faire plusieurs choses à nous dificilles sans cest aide, comme Moulins à vent & a eau, Pompes, pressoirs à vis, Orologes, Balances, Souflets à Forgerons, & plusieurs autres choses desquelles il seroit fort difficille de se passer, quant aux premiers inuenteurs d'icelles. Lescriture sainte nous rend tesmoignage, que Iuba fut inuenteur des instruments de Musique, & Tubal-cain forgeur de tous engins de fer & d'arain, les Payens ont creu *Genese Cha-* ceste invention estre venue de Vulcan, lequel ils ont depuis adoré, comme ils ont fait *pitre 4.* tous ceux lesquels ont esté les premiers inventeurs des choses necessaires à l'homme, mais de ces premiers inuenteurs n'auons aucune cognoissance d'aucune machine par eux inventee, comme de ceux qui ont suiui depuis, entre lesquels Archimedes a laissé plusieurs choses par luy inuentees, comme la vis dont fait mention Diodore Sicilien, *Diodore Si-* lequel dit qu'Egypte fut merueilleusement secourüe contre les inondations du Nil. Par *cilien en son* la vis d'Archimedes, il inuenta aussi plusieurs machines de guerre pour deffendre la *histoire an-* ville de Siracuse que Marcellus tenoit assiegee, comme Plutarque recite, toutes lesquel- *tique,liure* les machines ont esté delaissees depuis que l'usage du Canon est venu. Viron le tēps d'Ar- *premier.* chimedes, estoit (Stesibie duquel Vitruue fait mention,) & dit qu'il fut inuenteur de *Plutarque* plusieurs machines dites des Grecs Pneumatiques & Hidrauliques, (cest à dire eaux *en la vie de* chantans.) Ce fut luy qui inuenta de mesurer le temps auec le cours de leau, laquelle in- *Marcellus.* uention n'a plus esté en usage, depuis que les Orologes à roües dentelees ont esté in- *Vitruue li-* uentees, apres luy vint un Filon Bisantin, duquel Herone Alexandrin fait mention, di- *vre 9. Cha-* sant auoir escrit quelque chose de cest art, & depuis ledit Filon, est venu Herone Ale- *pitre 9.* xandrin, lequel nous a laisé trois liures. Sauoir un intitulé Spiritali, traitant diuers *Herone en* problesmes des effets de lair & leau, & le second de la machine mouuante, dite des *sa Machine* *stabile.*

Grecs

Epiſtre au Lecteur.

Grecs Automatij, & le troiſieſme, de la machine ſtable, depuis eſt venu Vitruue duquel les eſcrits ſont aſſez cogneus. Et quelque temps apres la ville de Rome fut deſtruite par les Gots, leſquels ruinerent les plus belles Oeuures d'Italie, & des lors les peuples de l'Europe ne firent plus aucun compte des arts, juſques à la venue de trois grands Princes, leſquels vivoient tous en vn meſme temps, à ſauoir l'Empereur Charles cinquieſme, le Roy François premier, & le Roy d'Angleterre Henry huitieſme, leſquels eſtoient tous curieux de reſtablir les arts enſeuelis de ſi longues annees, & un peu apres eux vint le Pape Siſte V. lequel fit reſtablir à Rome pluſieurs ruines, qui auoient eſté faites par les Gots, & en outre fit faire diuers ouurages rares, & à les nombrer, un grand Volume ne ſufiroit, quand aux hommes d'art rares, qui ont eſté du temps de l'Empereur Charles V. il y en a eu pluſieurs en Alemagne, entre leſquels Albert Durer, a eſté recogneu vn des plus excellens de ſon temps, & auſſi du meſme temps eſtoient en Italie Michel l'Ange, & Raphael d'Urbin, aſſez cogneux par leurs ouures, un peu apres ſont venus en France Pierre Ramus, Oronce Finé, & pluſieurs autres grands perſonnages, pour les Mathematiques, peinture, & Architecture, mais pour reuenir à ceux qui ont eu cognoiſſance des Machines mouuantes & Hidrauliques, peu en ont eſcrit de noſtre temps, bien eſt vray, que Jacob Beſſon, Auguſtin Ramelly, & quelques autres ont mis en lumiere quelques Machines par eux inventees ſur le papier, mais peu d'icelles peuuent auoir aucun effect, & ont creu, que par vne multiplication de roües dentelees, leſdites machines auroient effect, ſelon leur penſee, & n'ont pas conſideré, que ladite multiplication eſt liee auec le temps, comme il ſera monſtré en ſon lieu : Et quand à l'vtilité que l'on peut tirer de ceſt art, il eſt certain qu'il eſt grand, & de nombrer la quantité & diuerſité des machines qui ſont faites pour le ſeruice de l'homme il ſeroit preſque impoſſible, quand à celles qui ſont en ce liure, les vnes ſont faites pour l'vtilité commune, & les autres, pour le plaiſir & ornement des Palais & Jardins, dont ay fait l'experiēce de la plus part, & quand aux diſcours que i'ay fait ſur chacune figure, aucuns le pourroient trouuer un peu trop prolixe, d'autant que ie recite quelquefois une meſme choſe deux fois, cela ay-ie mieux aimé faire, que de laiſſer aucune choſe qu'elle ne ſoit parfaitement entendue, car ſi le Lecteur n'entend la choſe eſtant propoſee d'une façon, il entendra peut eſtre de l'autre propoſition.

D'AUTANT

D'Autant que les compositions, & effets que produiſſent toutes ſortes de machines, ſont cauſees par le moyen des quatre elements, leſquels donnent corps & mouuement à icelles, il ma ſemblé bon de monſtrer la definition d'vn chacun deux en particulier, & auſſi aucuns de leurs effets. Quand à leurs ſituations, l'opinion commune & la plus receue des Philoſophes, leſquels ont diſcouru de leurs ordres, ont imaginé le feu au deſſus de l'air, & l'air au deſſus de la terre, & de l'eau, les deux premiers eſtans legers voulans touſiours monter en haut, & les deux derniers peſans, voulans touſiours deſcendre en bas.

DEFINITION PREMIERE.

Le Feu, eſt vn element lumineux, chaud tres-ſec & tres-leger, lequel par ſa
chaleur fait grande violence.

IL y a de deux eſpeces de feu, l'vn eſlementaire, lequel n'eſt ſubiect à corrúption, lequel ie croy eſtre la chaleur du Soleil, car tout autre feu ou chaleur eſt ſubiet à nourriture, & ce qui eſt ſubiet à perir, donques la chaleur procedante du corps du Soleil, eſt le ſeul feu elementaire, la ſeconde eſpece de feu eſt le materiel, lequel eſt dit ainſi, à cauſe qu'il eſt nourri & maintenu de matiere corporelle, laquelle matiere venante à faillir, faut auſſi la chaleur, quand à ce qu'il eſt dit lumineux, c'eſt à cauſe du Soleil, qui eſt la vraye lumiere naturelle, & meſmement la lumiere artificielle procede du feu materiel, La ſecheté auſſi y eſt, cela ſe voit en ce qu'il eſt directement ennemi de l'humide, & meſmes qu'il cherche à le deſtruire, & les choſes meſmes que nous eſtimons ſeches, ſont encores aſechees par le feu, comme par exemple, ce n'eſt pas choſe commune, que de croire qu'il y aye aucune humidité au plomb, toutesfois l'experience nous monſtre, que le plomb en table dequoy ſont couuertes les maiſons & Egliſes, ſe deſeche ſi fort auec le temps par la chaleur du Soleil, qu'il ſe coſine & retire en dedans, & ſi leſdites tables ſont fort atachees contre le bois, & qu'il ne ſe puiſſe retirer en dedans, leſdites tables ſe creueront en pluſieurs places, le feu eſt auſſi dit treſleger pour pluſieurs raiſons, premierement à cauſe de ſa ſituation, en ce qu'il eſt au deſſus des autres elemens, & auſſi que nous voyons le feu materiel monter en haut, auec grande legereté, & ſemble (comme ont dit aucuns Philoſophes) qu'il veut retourner au lieu de ſon origine, & quand à la violence du feu, la plus grande procede du feu materiel, chacun ſait le dommage qu'il fait ou il ſe met, ſoit par accident, ou entrepriſe deliberee, en Sicille le feu s'eſt mis dedans la concauité du mont Gibella, autrement dit Ætna, lequel bruſle il y a fort long temps, toutesfois il y a aparence que ce feu prendra fin, quand toute la matiere ſulfuree qui l'entretient finira, la violence auſſi de pluſieurs inuentions de machines de guerre, eſt admirable, leſquelles ſe font auec la poudre à canon, ainſi le feu materiel nous ſert auſſi bien à faire du mal, comme à faire du bien, & quand au feu elementaire, il y a aucunes machines en ce liure, leſquelles ont mouuement par le moyen d'iceluy, comme l'eſleuation des eaux dormantes, & autres machines ſuiuantes icelles non demonſtrees par cy deuant.

DEFINITION DEUSIESME.

L'air, est vn element froit, sec, & leger, lequel se peut presser, & se rendre fort violent.

L A place de l'air second element est imaginee entre l'element du feu, & la terre, Vitellion prouue par ses lingnes optiques, que le nuage s'slōgne de la terre de 52000. pas, qui sont viron 26. lieües Françoises, & ainsi ceste distance est diuisee en deux regions, l'vne moyenne ainsi apellee à cause qu'elle est entre la troisiesme ou supreme region du feu, (dont nous auons parlé) & la basse region qui est celle que nous touchons, quand à la moyenne elle est froide, & remplie de nuages, & brouillats. L'experience nous en donne congnoissance aux hautes montaignes des Alpes, & monts Pirenees, ou la neige se maintient au coeur de l'Esté, & la basse region, comme i'ay dit, est celle que nous touchons, ou l'air est beaucoup plus chaud qu'aux montaignes, la raison est, à cause de la reflection des rais du Soleil, lesquels donnant sur le plan de la terre, & ne pouuans passer outre, s'arestent & eschauffent l'air le plus bas, mais aux montaignes, les rais du Soleil ne donnent pas vne telle reflection, ains glissent au long d'icelles, & speciallement aux costees qui ne sont opposees au Mydi, ie dis donques que lair est vn element froid, & qui n'a autre chaleur, que celle qui luy est donnee du Soleil. Il n'a aussi aucune humidité en sa nature, cōme aucuns ont vollu dire aucūs, ce qui sera demonstré à la definition de l'eau. Il est aussi dit leger, car quelque quantité qu'il y aye d'air dans vn vaisseau, il n'en sera plus pesant,

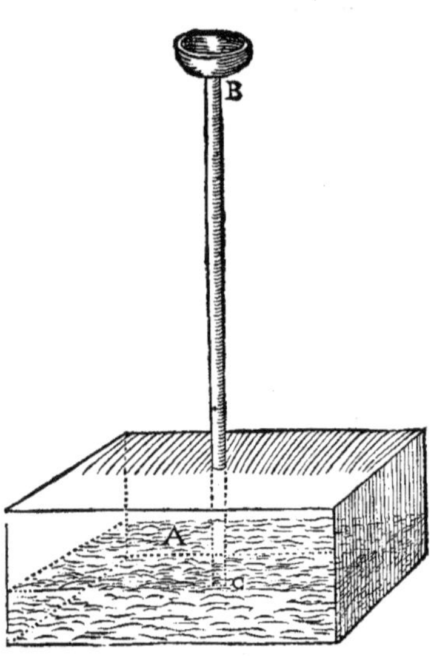

& quand à ce qu'il est dit icy qu'il se peut presser, i'en donneray icy vn exemple. Soit vn Vaisseau de plomb ou de cuiure, bien clos, & soudé tout à lentour marqué A. auquel il y aura vn tuyau marqué B. C. duquel le bout C. aprochera pres du fond dudit vaisseau viron vn pouce, & au bout B. y aura vn petit recipien pour receuoir leau, laquelle verserez dedans ledit recipien, & de là descendra au vaisseau, & d'autāt que l'air qui est dedans ledit vaisseau ne peut sortir, & qu'il faut qu'il y aye quelque place, on ne pourra emplir ledit vaisseau, & si le tuyau B. C. est dix où douze pieds haut, il y entrera viron iusques au tiers d'eau, tellement que l'air se pressant, causera vne compression, & fera mesme enfler le vaisseau, s'il n'est fort espais, ce qui demonstre que l'air se presse, & que ceste compression fait violence. Comme il se pourra voir en diuerses machines en ce liure, mais la violence sera grande, quand leau s'exale en air par le moyen du feu, & que ledit air est enclos, comme par exemple, soit vne balle de cuiure d'vn pied ou deux en diametre, & espaisse d'vn pouce, laquelle sera remplie d'eau par vn petit trou, lequel sera bouché apres bien fort auec vn clou, en sorte que leau ny air n'en puisse sortir, il est certain que si lon met ladite balle sur vn grand feu, en sorte qu'elle deuienne fort chaude, qu'il se fera vne compression si violente, que la balle creuera en pieces, auec bruit semblable à vn petart.

DEFINI-

DEFINITION TROISIESME.

L'eau, est vn element humide, pesant & coulant, lequel ne se peut presser estant enserré.

TOUTES les parties de cest element, sont directement contraires à la nature du feu, l'humidité est en leau, comme la chaleur au feu, & de ces deux parties contraires, se peut faire des machines admirables, comme il en sera par cy apres aucunes monstrees. L'eau est aussi dite pesante, mais toutesfois toutes les eaux ne sont de pareil pois : Pline recitant la nature de plusieurs eaux differentes, dit qu'au territoire de Carra en Espaigne, il y a deux fontaines proches l'vne de l'autre, *Pline liure 2. Chap. 103.* desquelles leurs natures sont tant diuerses, que tout ce qui est mis au dessus de l'vne va à fond, & lautre porte tout ce que lon met dessus, comme aussi fait le Lac de Sodome, & le fleuue Aretuse, la raison de cecy vient de la pesanteur de leau, laquelle estant plus pesante en comparaison que le corps que lon met dedans, le reiette en haut, à cause que la plus grande pesanteur veut tenir le plus bas lieu, comme nous voyons par exemple, que le fer & le plomb flotent au dessus du vif argent, car le vif argent estant le plus pesant en esgualité de corps, veut tenir le plus bas lieu, & au contraire, leau la plus legere ne peut suporter aucune chose de pesant. Pline recite encore pour chose esmerueillable, que la pierre de ponce nage sur leau estant en grande piece, mais estant mise en poudre va tout à fond, la cause en est aisee à donner, car la pierre de ponce estant de nature poreusse, & remplie d'air, ne peut aller à fond, à cause que l'air enclos dedans lesdites pores, veut tenir le haut lieu, comme sa nature le porte, mais estant ladite pierre en poudre, & qu'il ny a plus d'air meslé auec pour la porter, elle ira au fond, le mesme est en plusieurs autres choses, les pieces de bois aussi flotent sur leau, lesquelles estans soyees en poudre vont au fond, incontinent que la soyeure ou poudre est abreuee d'eau, par semblable raison aussi, les grandes Nauires chargees de plomb, & autres pesantes Marchandises, sont supportees sur leau, à cause que l'air estant dans la concauité desdites Nauires, les empesche d'aller à fond, quand à ce qu'il est dit, que cest vn element coulant, cela se trouue assez congneu par experience, reste à monstrer comme il ne se peut presser comme fait le feu & l'air, & en donneray vn exemple. Soit vn vaisseau de cuiure rōd, contenant trois ou quatres mesures d'eau, auquel y aura vn petit trou, pour emplir ledit vaisseau, & apres si lon aiuste le bout d'vne Seringue au trou dudit vaisseau, & que lon voulut pousser leau de ladite Seringue dedans ledit vaisseau, on trouuera par effect, qu'il ne sera possible de faire entrer dauantage d'eau, que ce qui y est entré volontairement, leau donques ne se pourra presser pour faire aucune violence, comme fait lair où le feu, mais la violence de leau consiste en sa pesanteur, quand elle descend des lieux hauts, ou bien quand elle est esmeüe par le vent, on ne peut point dire certainement, si leau est chaude, participante de la nature du feu, ou si elle est froide, participante de la nature de l'air, mon opinion est, qu'elle n'est ny chaude ny froide, de sa nature, mais estant aidee du feu, ou de l'eau, reçoit par accident la chaleur ou la froidure.

DEFINITION QUATRIESME.

La terre, est vn element sec, pesant & solide.

L'ELEMENT de la terre pure est estimee de la plus part des Philosophes, sec & froid, toutesfois ie ne suis de ceste opinion, qu'il y aye aucune froidure en la terre, sinon celle qui luy est prestee de l'air, aussi na elle aucune chaleur, sinon celle qui luy est prestee du Soleil, cest element ne se trouue en sa nature pur comme les autres, car nous ne pouuons dire, que la terre soit seche par tout, d'autant qu'elle est meslee de l'humidité, sa pesanteur se monstre, en ce qu'elle tient le plus bas lieu des elemens, & sa solidité en la masse ronde & ferme, composee d'icelle.

THEORESME PREMIER.

Les parties des elemens se meslent ensemble, pour vn temps, puis chacun re-
tourne en son lieu.

C'EST chose assez cogneüe, que tout ce qui a esté cree par la prouidence diuine, est composee & mixtionnee des elemens, comme aussi toutes les fabriques & compositions que l'homme peut effectuer, comme par exemple, le bois & toute autre chose que la terre procree, sont mixtionnees du sec, & de l'humide, & mesmement sont deuenus tels, par le moyen du feu & de l'air, car nous sauons par experience, que la terre ne produiroit aucune chose, si elle n'estoit eschauffee du Soleil, & ce qui est poussé hors icelle prend accroissance par le moyen de l'aër, tellement que la nature ayant donné croissance à quelque chose que ce soit, par le moyen des e-lemens, vient apres à se destruire par le moyen d'iceux, chacun element retournât en son lieu, comme par exemple, le bois se destruit par le moyen de la chaleur, l'humidité s'esuapore en haut, par extraction que fait la chaleur. Laquelle vapeur venant à monter auec la chaleur, iusques à la moyenne region, se quittent l'vn lautre, puis chacun retourne en son lieu, l'humidité retombant sur la terre, qui est-ce que nous apellons pluye, & sur ce subiect ie representeray icy vn exemple. Soit vn vaisseau de cuiure rond marqué ·A· bien clos & soudé tout à lentour, auquel il y aura vn tuyau marqué B. C. dont l'vn des bouts B. aprochera du fond, autant qu'il faut pour laisser passer l'eau, & l'autre bout C. sortira dehors le vaisseau, auquel il y aura vn robinet marqué D. pour ouurir & fermer quand besoing sera, & y aura aussi vn souspiral en haut marqué E. apres faut mettre de l'eau dans ledit vaisseau par le souspiral, iusques à vne certaine quantité, & si le vaisseau contient trois pots, lon y en mettra iustement vn pot, apres faudra mettre ledit vaisseau sur le feu viron 3. ou 4. minutes, & laisser le souspiral ouuert, puis retirer ledit vaisseau du feu, & vn peu apres faudra retirer l'eau dehors par le souspiral, & trouuerez que partie de ladite eau, s'est esuaporee par la chaleur du feu, apres faudra remplir la mesure du pot comme il estoit auparauant, & remetre l'eau dedans le vaisseau, & alors faudra bien boucher le souspiral & le robinet, & remetre le vaisseau sur le feu, aussi long temps comme la premiere fois, puis le retirer, & le laisser refroidir de soymesme, sans ouurir le souspiral, & apres qu'il sera bien refroidi,

faudra

faudra retirer l'eau de dedans, & y trouuerez iustement la mesme quantité que lon y aura mise, tellement qu'il se peut voir que l'eau s'estoit esuaporee (la premiere fois que lon
a mis le vaisseau sur le feu) est retournee en eau la seconde fois que ladite vapeur a esté
enserree dans le vaisseau, & qu'il s'est refroidy de luy mesme, il se pourra encores faire v-
ne autre demonstration de cecy, c'est apres que lon aura mis la mesure de l'eau dedans
le vaisseau, il faudra bien boucher le souspiral & ouurir le robinet D. puis metre ledit
vaisseau dessus le feu, & metre le pot dessoubs le robinet, alors leau du vaisseau s'esleuera
par la chaleur du feu, & sortira par le robinet D. mais il s'en faudra viron la siziesme ou hui-
tiesme partie que toute ladite eau ne sorte, à cause que la violence de la vapeur qui cause
leau de monter, est prouenue de ladite eau, laquelle vapeur sortira apres que leau sera sortie par le robinet auec grande violence, il y a encores vn autre exemple au vifargent autrement dit mercure, qui est vn mineral coulant, lequel estant eschauffé par le feu, s'exale
tout en vapeur, & se mesle auec l'air pour vn temps, mais apres que ladite vapeur est refroi-
die, elle retourne en sa premiere nature de vif argent, & l'experience le monstre, d'autant
que si lon met quelque vaisselle doree dans vne chambre ou lon aura fait esuaporer du
vif argent, ladite vapeur s'atachera toute contre ladite vaisselle, & lon trouuera apres que
c'est pur vifargent, mais la vapeur de leau est beaucoup plus legere, aussi elle monte comme nous auons dit, iusques en la moyenne region.

THEORESME II.

Il n'y a rien à nous congneu de vuide.

TO v t ce qui est congneu à l'homme est remply des quatres elements,
c'est pourquoy il ne peut rien auoir de vuide à nous congneu, &
de penser (comme ont voulu dire aucuns) qu'il y a vne vacuité au dessus des elemens, c'est vne opinion sans preuue ny demonstration, &
de dire aussi, que tout ce grand espace est rempli d'air, il ny a nulle a-
parence, car la diuine prouidence n'a rien fait d'inutile, & si ledit espace entre le firmament & l'eslement de l'air estoit rempli d'air, il seroit
innutile, car il ny a aucune creature qui aye à faire d'air au dessus de la moyenne region,
& pour ne point errer en ceste opinion, il vaudra mieux dire que ce grand espace est
rempli d'vne cinquiesme essence à nous incongneue. Epicure a esté vn des plus exce-
lens Philosophes de son temps, toutefois son opinion touchant les Atomes & le vuide,
est fort contraire à vn exemple que ie donneray icy, il dit qu'il n'y a rien qui ne soit corps,
& que les Atomes sont corps indiuidus & solides, & qu'il y en a
de deux sortes, les vns composez, (nous les nommons corps solides) & les autres simples, desquels se fait la cōposition des choses, laquelle composition est faite par l'acrochement des Atomes
solides, (car il n'en admet point d'autres) lesquels se viennent à
tourner, virer & entrechoquer par la caue vuide du mōde, l'exemple donques que ie demonstreray sera vn vaisseau de plomb ou
cuiure marqué A. clos & bouché de tous costez, lequel sera rempli d'eau par le souspiral B. & apres soit ledit souspiral bien fer-
mé, alors si lon fait vn petit trou au bas du vaisseau au lieu C. il ne sortira aucune eau,
d'autant que vacuité ne peut estre faite audit vaisseau, mais si lon donne place à l'air
pour entrer audit vaisseau, en ouurant le souspiral B. alors Leau sortira, & l'air se metra
en sa place. Or si l'opinion d'Epicure estoit vraye, & que la nature voudroit permettre le
vuide (comme il dit qu'il y a entre chacun Atome) leau sortiroit, encores que le souspiral fut fermé, d'autant que c'est vn element pesant & coulant, ainsi nous dirons que la
nature ne permet rien de vuide à nous cogneu.

Diogenes
Laertius
en la vie
d'Epicure.

A V T R E

AVTRE DEMONSTRATION QVE LE VVIDE
ne peut eſtre en la nature.

ENERALLEMENT toutes les machines dites pneumatiques, ſe font en tant que la nature ne peut rien ſouffrir de vuide, & en donneray encores vne demonſtration, ſoit vn vaiſſeau marqué A. B. C. D. bien clos & ſoudé de tous coſtez, auquel il y aura vn tuyau. E. F. duquel l'vn des bouts F. aprochera du fond ſans y toucher, en ſorte qu'il y aye diſtance , pour laiſſer paſſer entre ledit bout F. & le fond du vaiſſeau, il y aura auſſi vn ſouſpiral marqué G. lequel faudra boucher, & verſer de leau dedans ledit vaiſſeau par le tuyau E. F. il eſt certain qu'il y entrera quelque quantité d'eau dedans. Car l'air ſe preſſera (comme a eſté monſtré,) & ſe fera vne compreſſion d'air audit vaiſſeau , de ſorte qu'il n'y pourra plus rien entrer, mais ſi lon ouure le ſouſpiral, alors l'air qui eſtoit en la place de leau ſortira, & à meſure que lon emplira ledit vaiſſeau d'eau, l'air ſortira par le ſouſpiral.

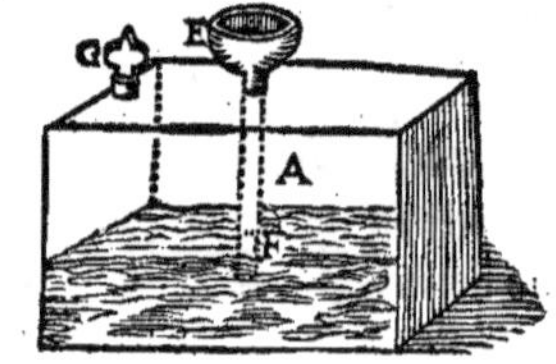

THEORESME III.

Quand leau monte par faute de vacuité, c'eſt pour deſcendre plus bas que ſon niveau.

IL Y A CINQ moyens diuers , pour faire eſleuer leau plus haut que ſon niueau, & de chacun moyen il y a pluſieurs machines differentes: Le premier eſt, par faute de vacuité : Le ſecond, par ſon propre moyen, Le troiſieſme par aide du feu, Le quatrieſme par l'air, & le cinquieſme par machines compoſees diuerſement, conduites par force d'hommes ou de cheuaux, ie demonſtreray de chaſcun moyen vn exemple, & commenceray par celuy qui fait monter par faute de vacuité. Soit donques vn vaiſſeau plain d'eau marqué A. auquel il y aura vn ſifon marqué B.C. dont l'vne des iambes ſera dans le vaiſſeau, & lautre dehors. Puis faut auoir vn tuyau marqué D. fait en ſorte qu'il ſe puiſſe aiuſter dedans le bout C. du ſifon, apres faudra boucher le bout dudit tuyau, & lemplir d'eau, puis l'aiuſter bien iuſte dedãs ou dehors le bout du ſifon C. puis ouurir le bout d'embas, & alors leau ſortant dudit tuyau, atire celle qui eſt dans le vaiſſeau au long du ſifon , d'autant que vacuité ne peut eſtre faite audit tuyau, & alors que ladite eau aura pris ſon cours , lon pourra oſter le tuyau D. & leau continuera ſon cours, iuſques à ce qu'elle vienne au niveau du bout C. & alors elle ceſſera, ainſi lon peut voir par ceſt exemple, que ſi leau monte en haut par le ſifon, que ceſt pour de-

ſcendre plus bas que ſon niveau, car ſi le bout de dehors eſtoit coupé en E. il ne courroit nullement, ainſi par laide du tuyau D. leau monte par faute de vacuité, d'autant que la peſanteur qui eſt en la iambe du ſifon , eſt plus peſante que celle de la lambe de dedans. Et quand à la longueur du tuyau D. il doit eſtre vn peu plus long. Que ſi le ſifon depuis la ſuperficie de leau, iuſques à la marque E. & auſſi gros que ledit ſifon, ou vn peu plus.

D'autant

D'autant qu'il faut que ledit tuyau D. contienne autant d'eau en longueur, ou vn peu d'avantage, comme ledit sifon contient d'air, depuis la superficie de leau, iusques à la marque E. qui est le niueau de leau, ainsi cest exemple demonstre, que si lon atire l'air qui est dedans le sifon (soit par la bouche en aspirant, ou par le tuyau D.) leau suiura, pour ne souffrir vacuité, & aura son cours, pourueu quelle descende plus bas que son niueau.

Ce present THEORESME a esté mal entendu de ceux qui ont traduit Herone, lesquels monstrent à atirer leau par vn gros sifon, aiustant vn vaisseau au bout dudit sifon, au lieu du tuyau D. lequel vaisseau ne peut faire nul effect, d'autant qu'il natirera leau en la iambe B. du sifon B. non plus que la hauteur, comme est ledit vaisseau, & encores qu'il contienne autant d'eau ou plus que ledit sifon, si est-ce que ladite eau, ne s'esleuera plus haut, que lespesseur ou hauteur dudit vaisseau. *Herone spiritali Theoresme 5.*

THEORESME IIII.

L'eau ne peut monter par son propre moyen, si ce n'est pour descendre plus bas que son niveau.

E second moyen de faire monter l'eau, est par son propre moyen, & ce fera en ceste façon, soit vn vaisseau plein d'eau marqué A. auquel y aura vne piece de drap longue de demi pied & large d'vn pouce, laquelle faudra mouiller toute outre, & sera mise au vaisseau, en sorte qu'vn des bouts soit dans iceluy, & l'autre bout dehors, alors leau qui sera au bout de dehors, attirera par sa pesanteur celle qui est dans le vaisseau, & la fera monter au long de la piece du drap, (comme il se fait au sifon) iusques à ce que leau du bout de dedans soit au niueau du bout de dehors, & alors elle cessera de courir.

THEORESME V.

L'eau montera par aide du feu, plus haut que son niveau.

E troisiesme moyen de faire monter, est par l'aide du feu, dont il se peut faire diuerses machines, i'en donneray icy la demonstration d'vne. Soit vne balle de cuiure marquee A. bien soudee tout à lentour, à laquelle il y aura vn souspiral marqué D. par ou lon mettra leau, & aussi vn tuyau marqué B. C. qui sera soudé en haut de la balle, & le bout C. aprochera pres du fond, sans y toucher, apres faut emplir ladite balle d'eau par le souspiral, puis le bien reboucher & le mettre sur le feu, alors la chaleur donnant contre ladite balle, fera monter toute leau, par le tuyau B. C.

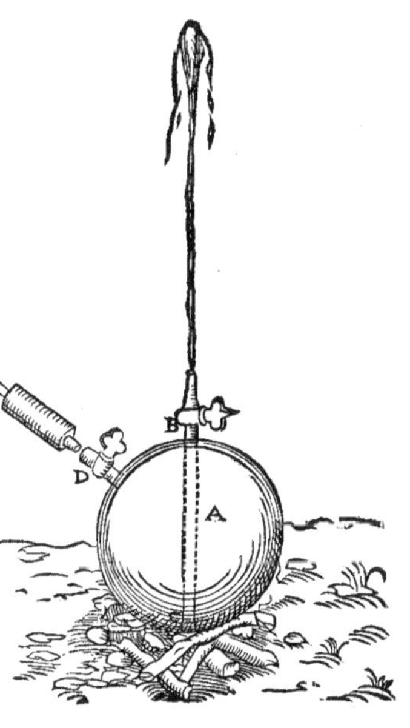

THEORESME VI.

*L'eau ne peut monter par l'aide de l'air si ce n'est pour descendre plus
bas que son niveau.*

*Herone spi
ritali 36.
Theore.*

LE quatriesme moyen de faire monter l'eau, est par l'aide de l'air, & en
donneray aussi vn exemple par la machine de Herone, laquelle est d'v-
ne invention fort gentille & subtille. Soyent deux Vaisseaux marquees A. & B. bien clos, & soudees de tous costez, & posez l'vn sur l'autre, selon la distance que l'on veut faire monter l'eau, & 3. tuyaux C.D.
E.F. G.H. seront soudees ausdits vaisseaux, en la maniere qui sensuit,
soit soudé C.D. à trauers le vaisseau A. en sorte que le bout C. passe à
trauers le costé de haut dudit vaisseau, & le bout D. aprochera autant du fond du vaisseau B. comme il faut pour
laisser passer l'eau, apres soit le tuyau E.F. soudé le bout E.
sur le costé de haut du vaisseau B. & le bout F. aprochera
autant du costé de haut du vaisseau A. côme il faut pour
laisser passer l'air, soit l'autre tuyau G.H. soudé à trauers le
costé de haut du vaisseau A. en sorte que le bout H. soit
seulement autant distant du fond du vaisseau comme
il est besoing pour laisser passer l'eau, & y aura aussi vn souspiral marqué I. par lequel le vaisseau A. sera rempli, &
apres le faudra bien boucher & verser de l'eau dans le
petit recipien au dessus du vaisseau A. laquelle eau descendra par le tuyau C.D. au vaisseau de bas, lequel estât
serré de tous costez, l'air ne pourra sortir que par le tuyau

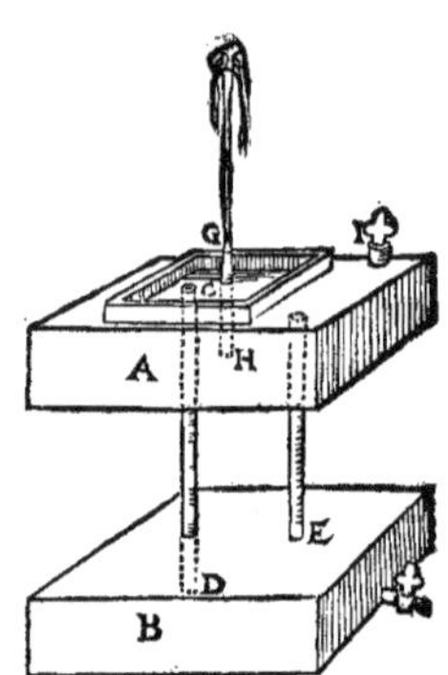

E.F. pour aler au vaisseau de haut, & ne pouuant encores sortir poussera l'eau par le tuyau
H.G. laquelle tombera dans le petit recipien, & descendra par le tuyau C.D. & durera ce
mouuement tant qu'il y aura de l'eau dans le vaisseau de haut.

*Demonstration de la hauteur que la precedente machine fait
monter l'eau.*

I'AY pensé qu'il seroit bon de demonstrer la hauteur que la precedente machine monte son eau,
& ce d'autant que celles qui sont desseignees aux
liures de Herone & Cardan, ne peuuent ietter
leur eau en haut, quand le vaisseau de haut est
presque vuide, d'autant que les vaisseaux sont
ioints l'vn à l'autre, sans distance entre deux, donques quand ladite machine commencera de courir, l'eau descendante par le tuyau C.D. fera monter celle du vaisseau de haut (au tuyau
G) depuis H. iusques à L. d'autant que ladite distance est pareille à
C.D. mais quand le vaisseau est presque vuide, alors la hauteur de
l'eau au tuyau C.D. ne sera si grande, car le vaisseau de bas estant
presque plein acourcit ladite hauteur, de la hauteur dudit vaisseau,
& celuy de haut estant presque vuide, alonge la hauteur du tuyau
G. ainsi rabatant l'espesseur des deux vaisseaux, l'eau montera au
point M. quand la machine viendra à faillir.

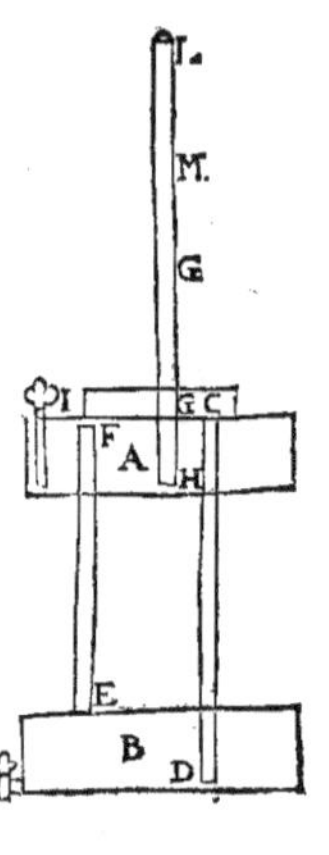

THEORESME VII.

L'eau peut monter en haut par diverses machines conduites par sa force mesme, ou autre que ce soit.

L A diuersité des machines propres pour leuer leau est grande, & entre toutes celles qui ont esté inuentees en lantiquité il y en a vne de l'inuention d'Archimedes, dequoy parle Diodore Sicilien, & dit qu'Egypte a esté assechee par la vis d'Archimedes, Vitruue aussi en fait mention, comme aussi fait Cardan, & dit qu'vn de Rubeis Milanois pensant estre le premier inuenteur de ceste Machine en deuint fol de ioye, & à dire vray, ceux qu'ignorent les proportions des forces mouuantes, iugeront ceste machine estre vn moyen de faire vn mouvement continuel, d'autant qu'ils penseront que l'eau se hausant par ladite machine sera capable de la faire tourner, la fabricque en sera telle, faut auoir vn tuyeau de plomb où de cuiure, & le tourner en façon de vis, comme la figure le demonstre, apres le faut poser en pente comme la diagonale d'vn quarré, l'vn des bouts dedans, qui tournera sur vn piuot, & l'autre bout sera apuié contre vne muraille ou piece de bois, en sorte qu'il puisse estre tourné par

Diodore Sicilien en son Histoire antique liure premier.
Vitruue liure X. Chap. XI.
Cardan en sa subtilité.

force d'homme, ou autre que ce soit, & alors quand le bout du bas marqué A. vient à se hauser en tournant, l'eau qui sera dans la vis, descendra tousiours dans ledit tuyau, & en fin se trouuera en haut, de sorte que l'eau en descendant par cest instrument, monte tousiours, iusques à ce qu'elle sorte, la consideration de ceste machine est admirable, car la proposition d'icelle se contredit, d'autant que l'eau descendante par icelle monte en haut.

THEORESME VIII.

Aux machines propres pour leuer l'eau, la pesanteur de ladite eau se mesure par sa hauteur.

C 'Est une chose assez cogneue, que s'il y a vn trou au fond d'vn vaisseau plein d'eau, que l'eau se vuidera plus viste au commencement qu'a la fin, & la raison est, que leau estant de plus grande hauteur, pese d'auantage, & contraint celle de bas de sortir plus viste, le mesme est à vn tuyau qui sera au fond d'vn vaisseau, car le vaisseau sera bien plustost vuide, si le tuyau est long, que quand il est court, la mesme raison se trouue encores approuuee aux pompes ordinaires car si l'eau est 24. pieds en bas, elle sera bien plus forte à tirer en haut, que celle qui n'a que 12. pieds, encores que le tuyau de 12. pieds fut beaucoup plus gros que celuy de 24. & qu'il contint d'auantage d'eau, car la quantité de l'eau, ne rendra point la machine plus pesante à tirer, mais bien la longueur.

THEORESME IX.

L'air passe à travers l'eau quand il est pressé.

Ucuns hommes se sont fort abusez en la construction de plusieurs machines, lesquelles apres auoir esté faites n'ont pas reussi, ny fait l'effect ainsi qu'ils pensoient, d'autant qu'ils ont ingnoré les raisons des forces mouuantes, ainsi ont fait ceux qui ont traduit Heron, lesquels on fait beaucoup de leurs figures fausses, & reciteray vne sur ce subject, pour monstrer que l'air passe à travers de leau, le cinquantecinquiesme problesme est figuré de la façon. Soit vn vase marqué A. B. sur la base L. K. M. N. auquel y aura 3. sisons comme la figure le demonstre, & à chascun d'iceux, il y aura vn petit tuyau court marqué F. G. H. lesquels seront plus gros que les sisons, en sorte que leau desdits sisons puisse passer entre deux, ainsi versant de leau dans le vase A. B. quand elle viendra en la superficie du sison E. ledit sison vuidera toute leau que l'on auoit mise dans ledit vase, & alors le petit tuyau H. restera plein d'eau, & apres que lon remettra de leau dans le vase, (dit le traducteur) ladite eau se hausera iusques à la superficie C. sans qu'elle coure par le sison E. d'autant dit-il que leau estant au tuyau H. empeschera l'air de sortir du sison, & par consequent d'avoir son cours, ce qui ne peut estre, car ledit tuyau H. estant court comme il est figuré, l'air bouillonnera à trauers de leau, incontinent que leau surpassera la

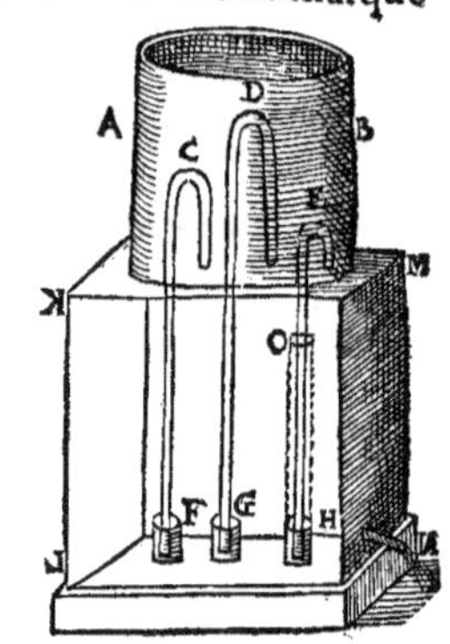

superficie E. de la hauteur du tuyau H. & ainsi pour empescher cest accident, il faudroit que ledit tuyau H. fut aussi haut, comme les lignes ocultes O. & en faire aux autres tuyaux F. G. autant. Car il est certain que leau se mesure par sa longueur, & si la distance d'entre la superficie du sison, & la superficie de leau du Vase A. B. est plus longue que les tuyaux F. G. H. l'air passera ou bouillonnera à trauers leau comme a esté dit, l'experience aussi de cecy se voit en vn tuyau de plomb ou cuiure, car si on met vn des bouts dans leau, pourueu qu'il ne soit trop profond, & que lon soufle par l'autre bout, l'air comme a esté dit, bouillonnera tout à trauers de leau, il y a aussi vn pareil accident de la mesme nature qui arriue aux pompes simples, cest quand l'on veut forcer leau à monter plus haut, que la nature de la machine ne souffre, l'air entrera à trauers de leau, comme sera monstré par cy apres, aux machines propres pour hausser leau auec les pompes.

THEORESME X.

La force du contrepois qui fait mouvoir vne balance, est proportionnee suivant son eslongnement du point de gravité.

Our donner congnoissance des forces mouuantes par le moyen du contrepois, nous commencerons à la balance, autrement dite Romaine, soit doncques fleau de balance marquee A. B. dont le point de gravité soit marqué C. & soit ledit fleau gradué en huit parties esgualles, savoir 4. de chacun costé du point de grauité, ainsi si un poids de 12. liures est pendu au point I. il sera esguallement balancé à un semblable pois pendu au point D. & si un pois

de

de 6. livres eſt pendu au point E.
il ſera eſguallement balancé audit pois de 12. livres pendus au
point I . & ſi vn pois de 4. livres eſt pendu au point F. il ſera encores eſguallement balancé auſdites 12. livres , & ſi vne
des 3. livres eſt pendu au point
B. il ſera encores eſgal au dits de

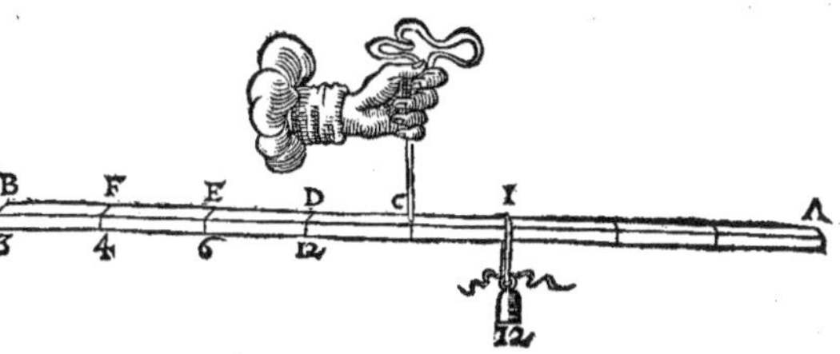

12. livres, tellement que ceſte progreſſion ſe fera touſiours en diminuant la peſanteur
du pois , qui s'eſlongne du point de gravité.

THEORESME XI.

Si vn des bouts de la ſuſdite Balance , où Fleau eſt abaiſſee, l'autre ſe levera ,
& toutes les ſuſdites parties mouveront, en proportion de l'eslogne-
ment du point de gravité.

POur demonſtrer la raiſon de ſes proportions icy, ſoit tiree une ligne
droite B. A. auſſi longue comme le fleau de la ſuſdite balance B. A.
& ſoit le milieu de ladite ligne le point de grauité marqué C. & ſoit
le milieu de ladite ligne le point de grauité marqué C. & ſoit ladite
ligne auſſi graduee de ſemblables portions comme la ſuſdite , apres
faut tirer vne autre ligne à diſcretion trauerſante le point C. laquelle
paſſera à trauers le point de grauité & ſera auſſi graduee de ſemblables portions comme lautre, apres faut metre vn des pieds du compas au point C. & de
lautre faire les portions de cercles comme il ſe peut voir en la figure, ainſi la portion de
cercle N.D. ſera eſgualle à Q. I. & O. E. ſera double audit Q. I . & P.F. ſera triple audit Q. I. & M.B. ſera quadruple, ainſi il ſe peut voir que la proportion du poix, eſt conre-
ſpondant à la proportion de la diſtance ſur les portions des cercles qui ſont entre leſdites
lignes, & multipliant les parties des portions de cercles qui ſont entre leſdites lignes par
le nombre du pois qui y eſt ioint, lon aura la quantité du premier, comme par exemple
multipliant quatre parties de la portion M.B. par trois liures peſant, lon aura 12. nombre
eſgual au pois du premier point, & ainſi ſera des autres.

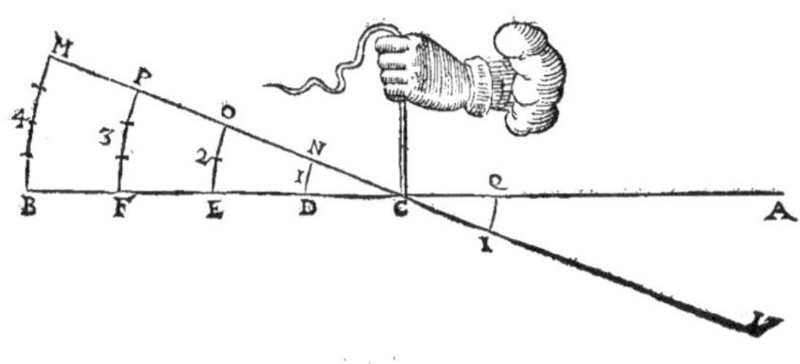

THEORESME XII.

Le temps de la motion s'accorde avec le mouvement du contrepois.

CE qui est icy apellé temps est l'interualle qui est depuis le commencement du mouuement de la machine, iusques à la fin dudit mouuement, & si ceste demonstration estoit bien consideree, plusieurs hommes ne s'abuseroient en la construction de diuerses machines, par lesquelles ils pensent faire esleuer vn grand fardeau par vne petite force, ce qui est bien possible comme sera demonstré, mais il faut aussi que la petite force face dauantage de chemin comme a esté demonstré par la precedente, & par la presente ie demonstreray qu'il faut que ce chemin se face en mesme temps. Soit une pareille figure comme la precedente, à laquelle sera imaginé vn poids de 12. liures au point Q. lequel fera abaisser le fleau au point I. il est certain que s'il y a vn pois de trois liures au point B. il s'esleuera en mesme temps au point M. & ainsi comme C. B. est quatre fois aussi long comme Q. C. ainsi B. M. sera quatre fois aussi long comme Q. I. ainsi il se peut voir que ces deux poids estans en equilibre l'vn auec l'autre, si l'vn est abaissé,

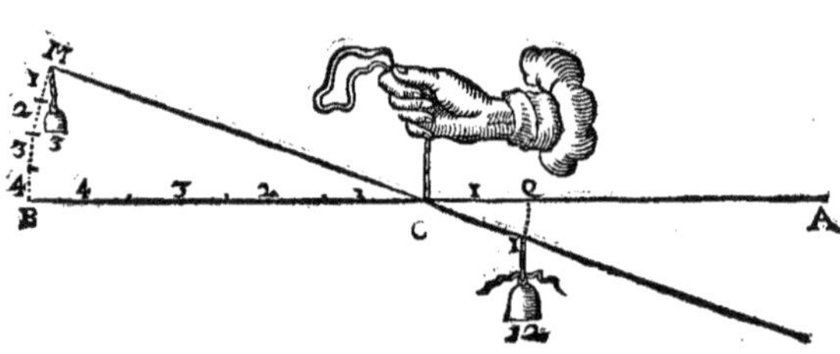

que l'autre haussera proportionnalement, selon la distance du point, de grauité, tellement que trois liures, pourront bien leuer douze liures, vn pied de hauteur, mais il faudra que les trois liures s'abaissent au moins quatre pieds.

THEORESME XIII.

Le mouuement du Leuier, s'accorde auec celuy de la Balance,

LA RAISON de la force du Leuier, autrement dit pied de Cheure, se demonstre estre telle que les precedentes, comme par exemple : Soit vne grosse pierre quarree, marquee R. &

le Leuier N. O. dont la pointe O. touchera contre terre, & apuiera la pierre au point P. ainsi si la force de l'homme leue le point C. comme si c'estoit cinquante liures pesant, le point P. leuera par raison 200. liures, d'autant que le point C. sera quatre fois autant de chemin en mesme temps, comme le point P. aussi, il se rendra esgal, à quatre fois la pesanteur.

THEORESME XIIII.

Aux machines qui se font à tirer fardeaux par le moyen des poulies, si la force est double lon tirera 20. pieds de corde, pour faire lever le fardeau 10. pieds.

ITRUUE fait mention de ceste sorte de machine, dite des Grecs troclearum, laquelle a son mouuement par le moyen des poulies. Soit icelle faite comme la figure le demonstre, & aux moufles marquees D. E. il y aura à chacune une poulie, & soit une corde passee à trauers lesdites poulies, dont vn bout sera ataché à la moufle du haut, & lautre bout seruira pour tirer le fardeau, comme il se peut voir en la figure, donques si lon tire ledit bout de corde marqué G. vn pied en bas, le fardeau qui sera attaché à la moufle E. en mesme temps leuera vn demi pied, & ce d'autant que la corde est passee double aux polies, ainsi si lon tire 20. pieds de corde, le fardeau ne leuera que 10. aussi vn homme tirera aussi pesant auec ceste machine, comme en feroient deux, si la machine estoit simple, mais les deux hõmes tireront en mesme temps le double de la hauteur sauoir 20. pieds, auant que lautre en aye tiré plus de dix, & si aux moufles il y auoit deux poulies, comme la figure M. la force seroit quadruple, mais aussi ne monteroit le fardeau que 5. pieds en tirant 20. pieds de corde.

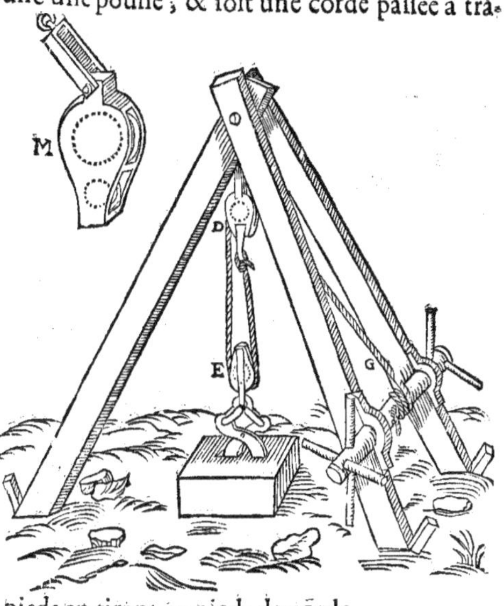

THEORESME XV.

Aux roues dentelees, si vn pignon fait 8. tours, pour faire mouuoir vne roüe dentelee vn tour, & que laxe de ladite roue soit en diametre comme ledit pignon, ladite axe leuera 8. fois autant que ledit pignon.

LEs roues dentelees se font encores auec la mesme raison comme les precedentes, car en augmentant la force, lon augmẽte proportionnalement le temps, comme par exemple, soit une machine à leuer fardeaux, faite en telle sorte qu'vn pignon marqué A. puisse tourner vne grande roue dentelee, marquee B. ledit pignon aura 6. dents, & la grande roue 48. ainsi il faudra que ledit pignon face 8. tours côtre la grande roue vn, tellement que si vne liure est pendue à laxe C. elle sera esgualement balancee à 8. liures pendues à laxe E. moyennant que lesdites axes soyent de pareille grosseur, ainsi quand lon voudroit tirer 400.

liures auec ladite axe E. ils ne donneroyent non plus de trauail à tirer que 50. liures fe-
royent à laxe C. aussi le pois monte 8.fois autant en laxe C. comme il feroit estant en
laxe E. tellement qu'vn homme seul, fera autant de force tirant vn fardeau par ceste
machine comme huit hommes feroient ayant chacun vn axe C. mais aussi si les huit
hommes sont vne heure à leuer leur pois, l'homme seul fera huit heures à leuer le sien.

THEORESME XVI.

Par la multiplication de la force, on levera vn fardeau quelque
pesant qu'il soit.

A multiplication des forces mouuantes est si grande, qu'Archimedes
disoit que s'il eu feu ou apuyer vne machine, qu'il eut fait remuer la terre, veritablement la force des roues dentelees se fait auec l'imagina-
tion iusques à l'infini comme ie demonstreray icy par vne machine
encores qu'elle ne peut estre mise en vsage, car il ne se presente point de
fardeaux si grands à remuer, & mesmement on ne la pourroit faire
forte assez pour suporter vn si pesant fardeau, soit donques vne roue
marquee A. laquelle aura 96. dents, & sera tournee par vn pignon B. qui aura 8. dents,
ainsi ledit pignon fera 12.tours contre la roue A. vn, apres soit à laxe dudit pignon vne
roue C. encores de 96.dents mouuee par vn autre pignon D. aussi de 8.dents, ainsi ledit
pignon D. fera aussi 12.tours contre la roue C. vn, tellement que ledit pignon D. fera 12.
fois 12.tours, qui font 144.contre la roue A.vn tour, apres soit encores vn pareil pignon E.
& vne troisiesme roue F. de mesme nombre de dents, il faudra que ledit pignon E. face
1728.tours contre la roue A.vn, & apres le pignon de la quarriesme roue marqué G. fera
20736. tours contre ladite roue A. vn, & apres le pignon H. fera 248832. tours, & celuy
L. 2985984. contre la susdite roue A.vn tour, tellement que si vn homme tourne tous
les iours la manneuelle 10.mille tours, il fera 298.iours & demi pour faire tourner ladite roue. A. vn tour aussi si lon met autant de liures pesant, à laxe de la roue A.comme
le nombre qu'il faut que la manneuelle face de tours contre la roue A. vn, tout ce grand
fardeau sera esguallement balancé à vne liure pendue à la manneuelle N. tellement que
chacune roue que lon aioustera, augmentera la force de 12.fois autant, & ainsi auec ceste
augmentation de roues, lon pourroit aller iusques à l'infiny, suiuant la proposition de
Archimede.

1	
12	Premier pignon.
12	
24	
12	
144	Second.
12	
288	
144	
1728	Troisiesme.
12	
3456	
1728	
20736	Quatriesme.
12	
41472	
20736	
248832	Cinquiesme.
12	
497664	
248832	
2985984	Sisiesme.

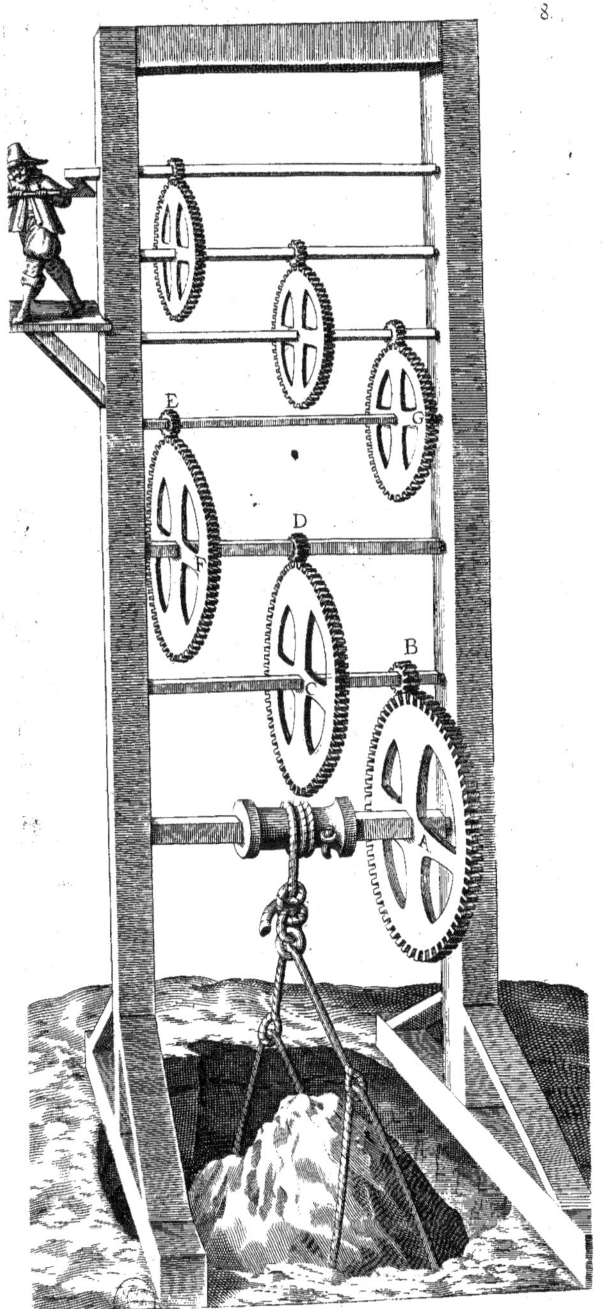
8.
E
G
F
D
B
C
A

THEORESME XVII.

De la force du pignon à vis.

I L se fait encores vn espece de pignon à vis, comme il se peut voir par la presente figure, lequel fait multiplier la force de beaucoup d'avantage, & aussi est fort propre en aucunes machines, pour estres plus transportables, mais il y a vne incommodité, c'est qu'il s'use & n'est pas tant durable que celuy dentelé, à cause que celuy à vis en tornant, glisse au long des dents de la roue, & s'vse fort, mais l'autre à dents en tournant pousse les autres dents, & ne s'vse pas tant, & pour demonstrer la raison de sa force, soit vne roüe de 48. dents comme la prochaine figure A. demonstre, & soit le pignon à vis representé par la lettre B. lequel aura l'interualle du canal de la vis, de la mesme largeur, comme les interualles des denteleures de la roüe, tellement qu'en tournant la maneuelle vn tour ladite vis fera tourner la roue A. vne dent, & ainsi faudra tourner ladite vis 48. tours

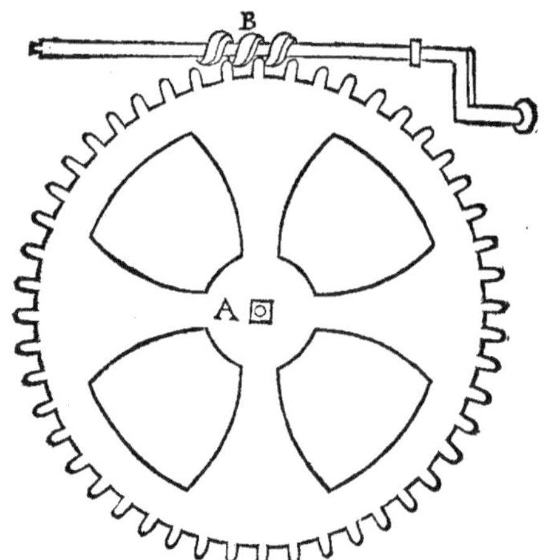

contre ladite roue A. vn tour, tellement que la force sera multipliee, comme le temps, sauoir de 48. fois autant en laxe de la roue A. comme en laxe de la vis.

THEORESME XVIII.

La force de la presse à vis, est conformé à toutes les precedentes.

L A presse à vis est vne Machine de grande force, laquelle est aussi semblable à la raison des precedentes, comme par exemple. Soit vne presse marquee A B. laquelle aura la vis marqué C. F. dont le canal de ladite vis sera vn pouce de largeur, & soit larbre de ladite vis marqué E. D. lequel sera 7. pieds long depuis le centre de ladite vis, iusques au point, ou l'homme est appuyé marqué D. ainsi si vn homme tourne ledit arbre eslongné de 7. pieds du centre, selon la praticque d'Achimedes, il fera 22. pieds en circonference, qui sont 264. pouces, qu'il faudra que le bout D. face de chemin en

mefme temps que ladite vis s'abaiffe vn pouce, & par toutes les raifons precedentes, fi lon multiplie 264. par 50. liures, qui eft viron la force que l'homme aura en pouffant l'arbre E. D. ainfi ces nombres produiront 13200. liures, tellement que fi lon met ledit pois def-fus la preffe, elle aura la mefme force, comme eftant preffee auec l'arbre, & force de 50. li-ures, qui fera la mefme proportion, comme s'il y auoit vn leuier ou fleau gradué de 264. pouces d'vn cofté, & vn pouce de l'autre, & qu'il y eut 50. liures pefant, pendues au bout dudit leuier marqué B. il eft certain que fuiuant le trefiefme theorefme, le bout A. au-ra la force de leuer 13200. liures, qui eft la mefme force que la preffe abaiffe.

PROBLESME PREMIER.

Pour faire esleuer l'eau par le courant d'vne riuiere, & la force
de la pompe.

CESTE fuiuante machine vulgairement dite pompe, eft apellee de Vi-truve & de Herone Machine Stefibique, retenant le nom de l'inuen-teur d'icelle, qui fut Stefibie Alexandrin, ie monftreray trois moyens pour fe feruir à efleuer l'eau par cefte machine, le premier fera par le courant d'vne riuiere (comme la fuiuante figure demonftre) ou il y a vue roue a eau, & à chacun bout de l'arbre de ladite roue, il y aura v-ne manneuelle de cuiure forte, & baftante pour fouftenir la force & pefanteur de ladite roue, & fi ladite roue a dix pieds de large, & douze pieds de diame-tre lefdites manneuelles auront au moins quatre pouces en quarré, & feront arrondies au millieu aux places marquees A. & foit auffi deux pieces de bois nommees leuiers marquees par les lettres B. & C. aiuftees dans les bras defdites manneuelles, lefquel-les quand la roue tournera, l'vn fe leuera & l'autre s'abaiffera, & lefdits leuiers feront auffi aiuftez dans les deux bras ou brancars marquez D.E. lefquels en hauffant feront hauffer les feaux, ou foupapes des pompes alternatiuement, & ainfi l'eau montera dans le vaiffeau F. & de là on la pourra conduire ou lon voudra, quand à la hauteur qu'elle doit monter, ie fuis d'auis qu'il ne la faut contraindre à monter plus de trente pieds de haut auec vne feule pompe, comme fera enfeigné au fuiuant Problefme, le gros tuyau G. eft le lieu ou la foupape eft enferree, qui fouftient l'eau, quand les feaux ou foupapes des pompes ne la hauffe point, la figure auec la pratique ordinaire que lon a des pompes, donnera facile intelligence de cefte Machine, & fi le courant de la ri-uiere eft fort, & que lon defire auoir quantité d'eau, lon fera le diametre du dedans des barils de dix ou douze pouces, & que lefdits barils ayent huit ou neuf pieds de haut, & faut pour bien faire que les feaux haufent & baiffent quatre pieds, & quand ils font en leur plus grande hauteur, qu'ils ayent auffi quatre pieds d'eau au deffus, à celle fin que l'accident dont a efté parlé au neufiefme Theorefme n'aduienne, car fi l'eau n'e-ftoit haute affez entre la fuperficie du baril & le feau, il eft certain que l'air pafferoit à trauers de l'eau par bouillons, & rendroit la machine inutille, & fpeciallement quand on la force de monter au deffus de quinze ou vingt pieds, c'eft pourquoy lon prendra bien garde que ceft accident n'aduienne, la proportion auffi des tuyaux M. N. O. fe-ront de quatre pouces en diametre, fi les barils en ont douze, & fi lefdits barils font plus petits, lefdits tuyaux feront à l'aduenant auffi plus petits, il fe fait vne autre forte de pompe appellee renuerfee de laquelle le baril eft dans l'eau de la riuiere, & le feau eft

D   mis

mis dedans par le bas dudit baril haufant & baiffant en cefte façon, mais ie ne fuis
d'aduis que lon fe ferue en aucune maniere de cefte inuention de pompe, à caufe des
accidents qui arriuent en icelle, car l'eau montant par cefte façon, fait que beaucoup
de paillettes & ordures montent auec, & s'arreftent en dedans les foupages, lefquelles
fon empefchees de bien ferrer, & s'il y a feulement vn poil en dedans ladite foupape,ce-
la donnera vn grand empefchement à l'efleuation de l'eau,mais en cefte prefente façon
cefte faute ne peut arriuer que rarement, à caufe que l'eau en montant en la foufpape
G. s'il y a quelque ordure, elle n'y pourra monter à caufe de fa pefanteur, & fi c'eft
quelque chofe de leger il n'y pourra non plus arriuer,à caufe que le bout du tuyau O.
trempera au pied dans leau, & ainfi ladite foufpape fera hors de danger de fe gafter par
les ordures qui font meflees auec l'eau.

F
E
I
H
N
M
G
C
B

PROBLESME II.

Autre moyen de lever leau, par le moyen d'vn ruiſſeau.

CESTE autre façon de leuer leau, ſe fera auec vn Ruiſſeau d'eau eſleué, & qu'il puiſſe tomber ſur la roüe A. pour la faire tourner, & en tournant, fera eſleuer leau de la pompe B. iuſques à 24. où 30. pieds haut, & lautre coſté C. prendra ladite eau, en la premiere eleuation, dans le baſſin D. & la pourra encores leuer 24. où 30. pieds haut. La figure precedente, donnera le moyen & intelligence de l'eſleuement en la premiere hauteur, & la ſeconde hauteur, ſe fera par le meſme moyen, comme il ſe peut facilement comprendre par la figure, laquelle figure n'a peu eſtre faite haute aſſez, ſelon la proportion de ſes meſures, à cauſe que le papier ne la permis, mais il ſera facille d'imaginer ladite hauteur, comme elle doit eſtre.

D
B

11

PROBLESME TROISIESME.

Pour eslever vne eau de source ou de riviere par la force
des chevaux.

MAIS s'il ny auoit riuiere assez forte, ny ruisseau courant, lon pourra
esleuer l'eau par le moyen & force d'vn cheual, ou de plusieurs, selon
la quantité & la hauteur que lon la desire, ce present desseing est fait
pour esleuer ladite eau 60.pides haut, & quatre cheuaux en leueront
viron 60.muis en vne heure de temps, qui sont viron 30000.liures pesant. Soit donques premierement vn arbre de bois bien droit, vn pied
en quarré, & 60.pieds de haut marqué A. lequel tournera entre deux
piuots, & en haut pres du bout il y aura vne roüe dentelee de 24.dents marquee B. laquelle fera tourner vne Lanterne ou pignon de 12. branches marqué C. & audit pignon il y aura vne roüe de fer ou de cuiure, de viron deux ou trois pieds en diametre,
& de dixhuit dents de tour, marquee D. mais il ny aura que neuf dents en la moitié
de la circonference, lautre moitié demeurant vuide, & y aura aussi deux autres roües,
marquees E. & F. chacune de la grandeur de lautre, & aussi de neuf dents à chacune
roüe, & feront toutes trois posees les parties dentelees en haut, puis faudra poser vne
poulie au dessus, marquee G. ou sera passee vne corde, laquelle aussi sera atachee ferme par les deux bouts aux arbres des roües E. & F. en sorte passee, que tournant vne
desdites roües, lautre se puisse destourner, comme il se pourra voir, & mieux considerer
en la Figure de l'Ortographie suiuante. En apres faut bien poser lesdites roües E. & F.
contre celle D. en sorte que D. tournant tousiours d'vn mesme costé, face tourner
E. vn demi tour, & alors qu'elle sera en la derniere dent, la premiere de la roüe F. se
presentera contre la roüe D. à cause que celle de E. la fait destourner par le moyen
de la corde & poulie commune G. & apres que ladite roüe D. aura atrapé la premiere dent de F. continuera iusques à la neufiesme, & apres la premiere de la roüe E. se
presentera derechef, & ainsi les deux roües E. & F. tourneront, & se destourneront
alternatiuement vn demi tour, & aux axes H. & L. feront atachees deux fortes cordes, lesquelles leueront les deux Seaux qui vont dans les barils M. N. & auront viron
trois pieds de ieu, haufant & baissant, & feront faits de cuiure, bien aiustez dans les barils, & qu'ils puissent iouer dedans facilement, sauoir quand ils sont haussez, qu'ils puissent descendre d'eux mesmes, sans estre contrains d'estre poussez en bas, & ainsi on ne
mettra nul cuir à lentour desdits seaux, comme on fait ordinairement aux pompes com-
munes, & faut noter que tant plus les seaux haussent viste, tant plus d'eau s'esleuera, ce
qui se peut obseruer en toutes les façons de pompes.

Faut aussi noter que les deux pieces de trauers O. P. ne doit estre qu'vne piece, à
laquelle se doit ioindre lautre trauers Q. dans lequel trauers, tournera les quatre piuots des roües B. C. E. F.

G
H
P
N
Q
M
A

PROBLESME QUATRIESME.

Plan de l'ortographie de la precedente machine.

POur donner plus facille intelligence de la precedente figûre, i'ay representé icy le plan de l'ortographie, à fin que par iceluy lon puiſſe entendre le mouuement & rencontre des trois rouës E. D. F. ſoyent donques leſdites roues de chacune 9.dents en la moitié de la circonference, & que les parties dentelees d'icelles roues ſoyent tournees en haut, en ſorte que la premiere dent de l'vne, s'acroche auec la roue D. quand la derniere de l'autre roue paſſe outre, & faut qu'il y ay eyne corde marquee R. S. paſſante dans vne poulie marquee T. laquelle ſera attachee ferme aux deux axes, comme il ſe peut voir en la figure, en ſorte que ſi les dẽts de la roue E. ſont acrochees, la corde qui eſt ferme à l'axe de ladite roue ſera tourner celle de F. vn demi tour, & ſera preſenter la premiere dent V. quand la derniere de la roue E. marquee X. paſſera, & ainſi la roue F. faiſant ſon demi tour, ſera deſtourner celle E, au meſme eſtat que deuant, tellement que par le moyen de ce demi tour (alant & venant) le ſeau de la pompe ſe leuera & abaiſſera, comme ſi ceſtoit vne maneuelle tournante, & la difference qu'il y a entre ladite maneuelle & ceſte preſente inuention, eſt que ladite maneuelle ne leuent le ſeau perpendiculaire, comme fait ceſte preſente inuention, laquelle eſt beaucoup meilleure, meſmement que pour leuer l'eau ſi treshaut, & en telle abondance, il faudroit que leſdites maneuelles fuſſent trespuiſſantes, comme a eſté dit par cy deuant, & aux machines precedentes pour leuer l'eau, par le moyen des roues à eau, ſi lon ne pourroit bien faire leſdites maneuelles, l'on pourra vſer de ceſte preſente inuention, quand aux bareils, ſi lon veut eſpargner la quantité de cuiure ou plomb qu'il faudroit auoir, en les faiſants de treze où quatorze pieds de long, on les pourra faire ſeulement de quatre pieds long, dela groſſeur du ſeau, comme il ſe peut voir en ceſte figure, puis emboiter deſſus vn autre tuyau plus menu. Z. Y.

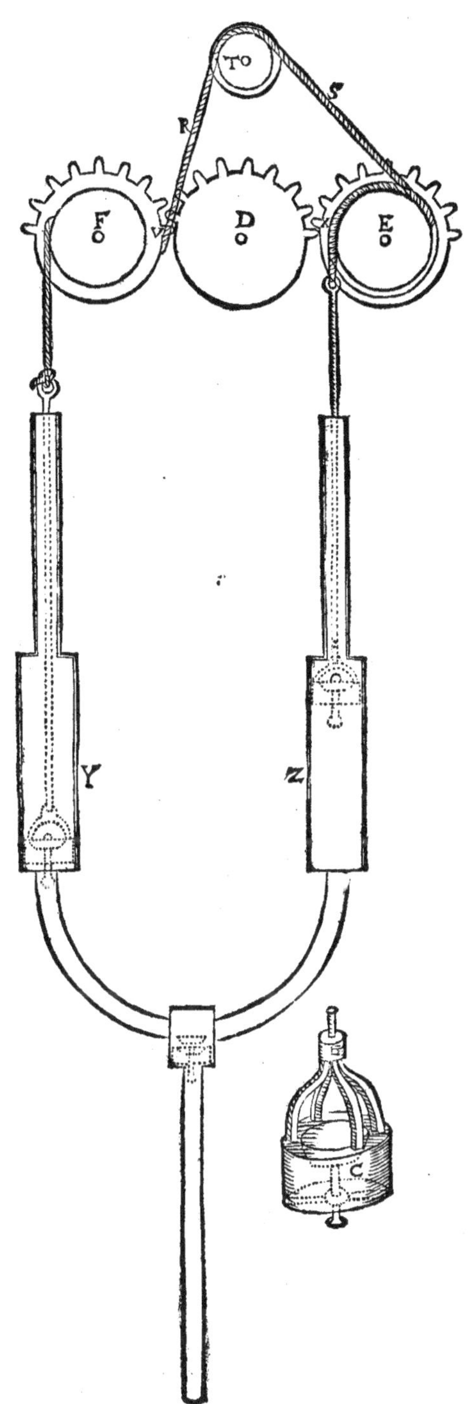

PROBLESME V.

Pour faire esleuer partie de l'eau d'vne source, cinq ou six pieds haut.

L Y A P L U S I E U R S maisons & iardins, dont les situations sont plus hautes que les sources voisines, & s'il y a quelque pente ausdites sources de six ou sept pieds, l'on pourra hausser partie de ladite eau, ce qui est vne inuention fort subtille, laquelle estant bien entendue, l'on en pourra tirer grande utillité. Soit donques la source conduite à vn lieu ou il y aye six ou sept pieds de pente, puis soit fait d'eux vaisseaux de plomb, bien soudez & fermez de tous costez marquez A. & B. lesquels seront trois ou quatre pieds en quarré celuy A. aura demi pied en hauteur, & celuy de bas huit pouces, & la distance de l'vn vaisseau à l'autre sera de cinq pieds, & y aura vn receptacle au dessus du vaisseau A. marqué C. auquel entrera l'eau de la source. Soit aussi les deux tuyaux K. & E. faits en sorte que par celuy E. l'eau de la source entrera & emplira le vaisseau A. puis estant plain, on le bouchera auec le bouchon F. & l'eau de la source montera iusques au bout du tuauy K. lequel bout sera vn peu plus haut que celuy E. puis entrera dans le vaisseau B. par celuy tuyau K. & au dessus dudit vaisseau B. il y aura vn tuyau M. soudé lequel passera par dessus le vaisseau A. & aussi le receptacle, & sera recourbé en bas, & soudé contre le haut dudit vaisseau A. tellement que l'air du vaisseau B. puisse entrer par ledit tuyau au vaisseau A. & puisse contraindre l'eau de monter par le tuyau N. comme a esté demonstré au Theoresme 6. & ainsi quand le vaisseau A. sera vuide, il faudra r'ouurir le tuyau E. & alors l'eau de la source r'entrera dedans iceluy vaisseau, & faudra aussi ouurir le robinet R. pour laisser escouler l'eau du vaisseau B. dehors, & alors que le vaisseau A. sera remply, & celuy B. vuide, il faudra faire comme par deuant, & l'eau montera derechef, & ainsi ouurant & serrant les deux vaisseaux comme a esté dit, la moitié de l'eau de la source, montera cinq pieds plus haut que son origine, & l'autre moitié descendra en bas, quand à la recourbeure du tuyau. K. cela est fait pour euiter que l'air ne sorte du vaisseau B. quand l'eau entrera dedans, faut aussi noter que la monteure de charpenterie n'a point esté faite à ce present desseing pour ne le point ofusquer.

PRO.

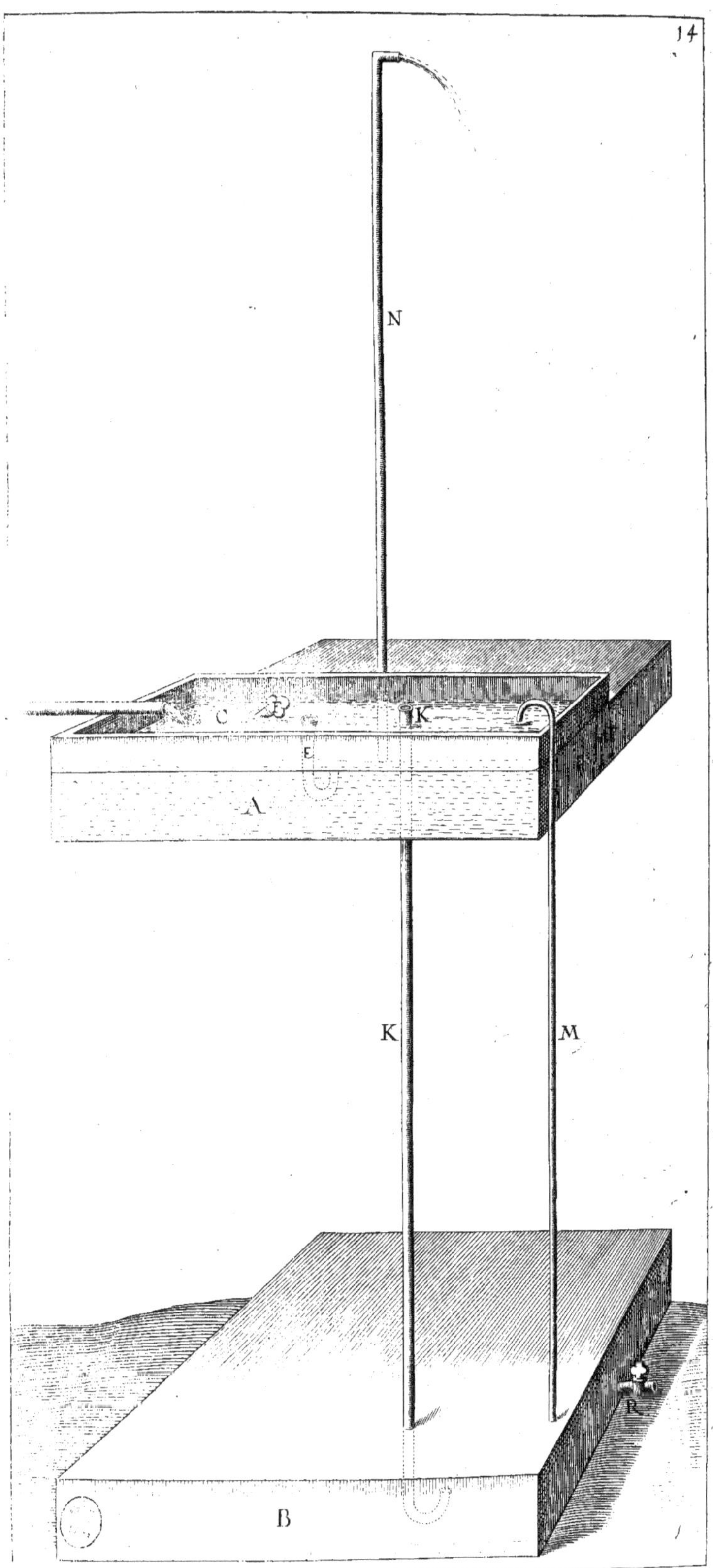
14
N
C
B
K
E
A
K
M
B
R

PROBLESME VI.

*Machine fort subtille, par laquelle les vaisseaux de la precedente s'ouurent & serrent
d'eux mesmes, par le moyen de l'eau.*

Ar la precedente il a esté monstré de leuer partie de l'eau d'vne source, & d'autant que c'est vne grande subiection d'ouurir & serrer con-
tinuellement les vaisseaux, i'ay trouué vne inuention, laquelle par
laide seulement de la mesme eau, lesdits vaisseaux se pourront ou-
vrir & serrer tousiours à propos, laquelle se fera en ceste sorte. Soit
premierement les vaisseaux A.& B. comme en la precedente, & mesmement tous les tuyaux, & au bout de haut de ceux E.& K. il y aura
deux robinets faits & posez en sorte auec deux branches ou verget-
tes de fer, ou cuiures marquees C. D. & deux regiftres ioints à icelles marquees F. G.
ausquels regiftres la corde M. N. fera atachee, & quand ladite corde fe tirera du cofté
N. alors il faut que le robinet E. fe ferme, & que celuy D. s'ouure, & au contraire,
quand l'on tirera la corde du cofté M. le robinet E. s'ouurira, & K. fe ferrera, il y aura
auffi vn robinet au bas du vaiffeau B. lequel fera iuftement foubs la verge O. P. lequel
s'ouurira auffi auec celuy E. par le moyen du regiftre Q. apres faut que la corde M. N.
paffe par la poulie R. & qu'elle foit attachee à vn petit vaiffeau de cuiure S. lequel fera
fait de forte que quand il fera plain, il renuerfera fon eau, & eftant vuide il fe rehau-
fera comme la figure le monftre, & pour faire que ledit vaiffeau face c'eft effect, il faudra qu'il foit pendu entre deux piuots, vn peu plus bas que le millieu, & que le fond
foit de pefanteur pour tenir ledit vaiffeau comme la figure monftre, & quand il fera
plein d'eau alors le haut eftant plus pefant que le bas, il renuerfera fon eau & faudra à
lautre cofté de la machine auoir vne autre poulie marquee T. à laquelle fera paffee la
corde attachee au contrepois V. lequel fera balancé auec le vaiffeau S. en forte que ledit vaiffeau eftant vuide, alors le contrepois le fera haufer, & par confequent ouurir le
robinet E. & auffi celuy qui eft au bas du vaiffeau B. & quand ledit vaiffeau S. fera à moitié plain, alors il attirera ledit contrepois, & fera retourner les robinets comme a efté dit, & ainfi le tout eftant bien aiufté, fi l'eau de la fource tombe au petit receptacle, elle entrera dans le vaiffeau A. par le robinet E. & quand ledit vaiffeau fera plain, alors l'eau montera audit receptacle, iufques au tuyau X. & de là tombera
dans le petit vaiffeau S. lequel eftant demi plain, attirera le contrepois V. & fermera
(comme a efté dit) les robinets O. & E. & ouurira celuy K. alors l'eau entrant dans
le vaiffeau de bas fera monter celle de A. au vaiffeau Z. comme a efté monftré par
la precedente, & apres que le vaiffeau B. fera plain, & celuy A. vuide, alors l'eau
montera derechef au receptacle, iufques au tuyau X. & tombera dans le vaiffeau S.
iufques à ce qu'il renuerfe, alors le contrepois V. retirera ledit vaiffeau en haut, & remettra les robinets en leur premier eftat, & continuera ce mouuement fans autre aide que ladite eau. Et fi lon defire auoir de l'eau plus haut que cinq ou fix pieds, alors
il faudra faire encores vne machine foubs le tuyau L. du vaiffeau de haut, & alors la
moitié de celle qui entre audit vaiffeau Z. montera encores plus haut, & fi c'eft que
l'eau foit abondante à la fource, on la pourra faire monter autant que bon femblera
par cefte inuention.

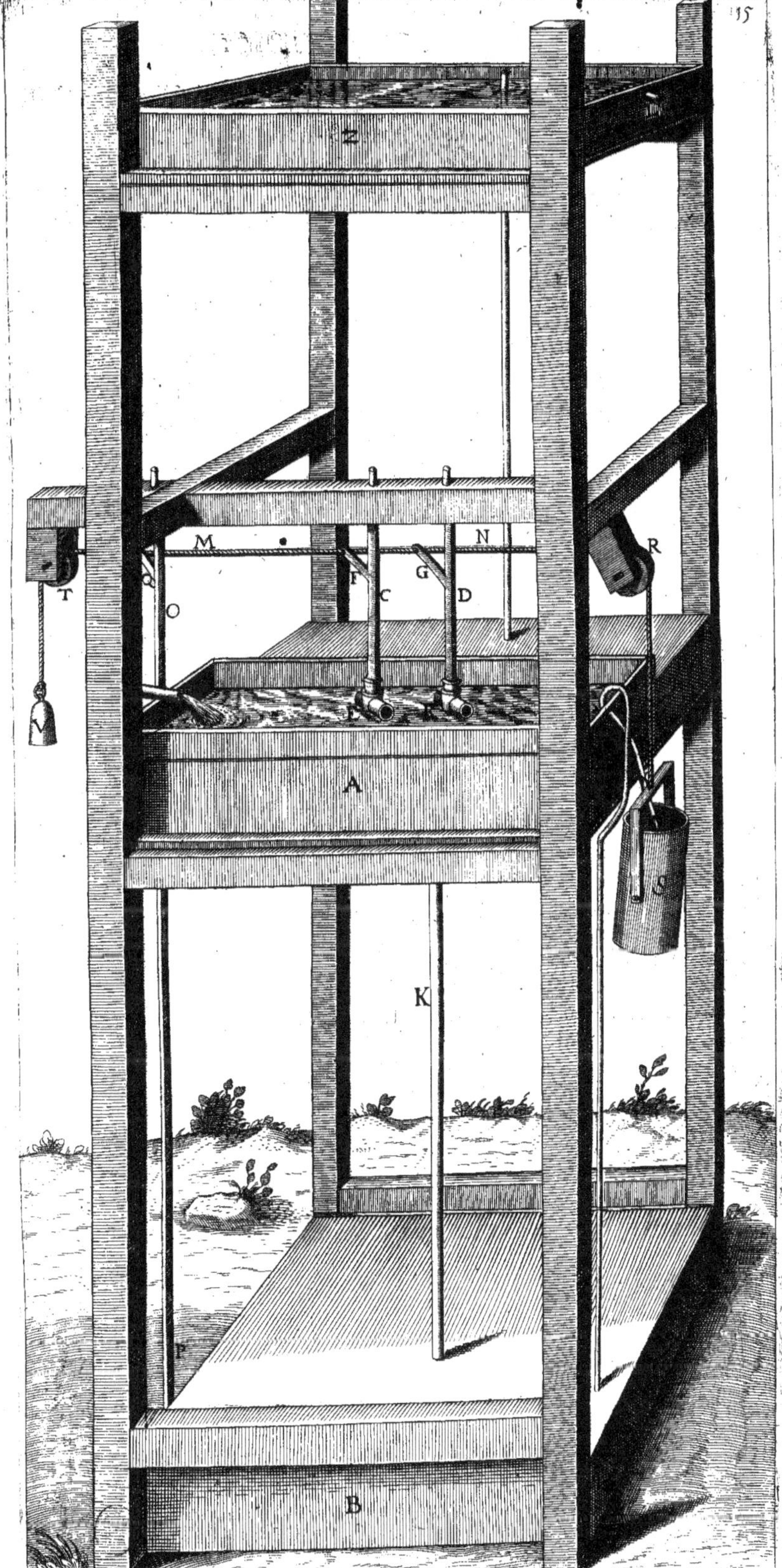

Z
M
N
Q
T
F
G
C
D
R
O
A
S
K
P
B

PROBLESME VII.

Pour faire vne Orologe auec le cours d'vne fontaine naturelle laquelle pourra faire son cours tresiuste, sans estre subiette à estre montee iournellement.

SOIT le cours de la fontaine au tuyau marqué A. lequel sera gros par dedans, viron comme vne plume à escrire, dont l'eau tombera dans le vaisseau B. auquel sera deux tuyaux , sçavoir vn marqué C. soudé contre le fond dudit vaisseau, auquel il y aura vn petit robinet D. apres il y aura vn petit vaisseau tresbuchant, (comme en la precedente machine) marquee E. & ledit vaisseau sera attaché à vn petit levier marqué F. G. fait comme la figure demonstre, sçavoir auec vne charniere pour ployer seulement d'vn costé, & le bout dudit leuier sera acroché dans vne des dents d'vne grande roue, marquee H. I. en sorte que le vaisseau E. baissant, le bout G. leuera la dent acrochee, vn peu plus que d'vne dent, à fin que le plus grand leuier L. tombe dans la prochaine dent, & face arrester ladite roüe H. I. il y aura aussi vn contrepois marqué O. attaché au leuier F. G. pour abaisser le bout G. quand le vaisseau E. sera vuide , & ainsi l'eau tombante dans ledit vaisseau, quand il sera vn peu plus pesant que le contrepois O. alors il s'abaissera , & fera leuer le bout G. & hausser ladite roüe H. d'vne dent, & l'eau tombante tousiours emplira ledit vaisseau, & le fera renuerser, & alors le contrepois O. lequel sera plus pesant que le vaisseau vuide, rabaissera le bout du leuier G. & celuy d'enhaut L. tiendra la roüe en estat qu'elle ne pourra retourner, & faudra que ladite roüe aye soixante dents , & aussi que l'eau qui tombe dans le vaisseau E. soit tellement aiusté auec le robinet D. que chascune minute d'heure, ledit vaisseau se puisse renverser, & par ce moyen la roüe H. I. fera vn tour en vne heure, & apres l'on pourra faire qu'il y aura vn pignon à l'arbre de ladite roüe ayant six dents, lequel mouuera vne roüe de septantedeux dents , & par ce moyen la monstre de haut M. monstrera le cours de douze heures, & celle de bas d'vne. Et quand ledit Orologe sera bien aiusté, elle continuera long temps sans varier, faut aussi noter qu'il faut que l'eau du vaisseau, B. soit de la hauteur du tuyau P. à celle fin , que ladite eau tombe tousiours esguallement dans le vaisseau tresbuchant, & pour ce faire, faudra qu'il en tombe vn peu plus dans ledit vaisseau qu'il n'en sorte par le tuyau C. & le surplus sortira par le tuyau P.

PRO.

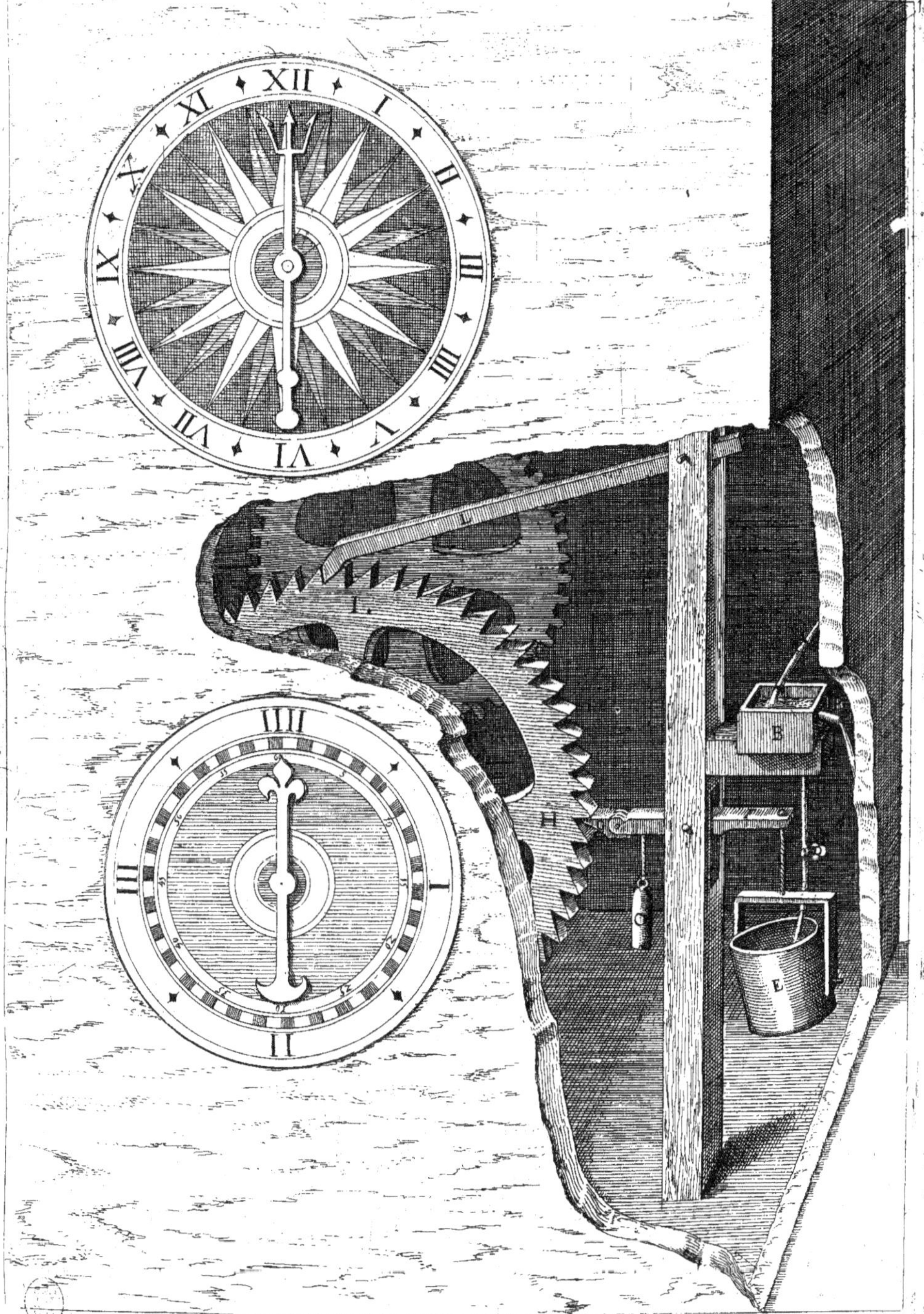

XII
XI
X
IX
VIII
VII
VI
V
IIII
III
II
I
IIII
III
II
I
II
B
H
E

16

Liure premier.

Autre maniere d'Orologe d'eau.

MAis s'il n'y auoit point de fource vifve, & que lon vouluft mefurer le temps auec l'eau, lon fera vn vaiffeau de cuiure ou plomb, comme la figure A. lequel tiendra viron vn muy d'eau, ledit vaiffeau fera bien quarré, & vn peu plus haut que large, dans lequel fera vn petit vaiffeau de cuiure marqué F. auffi quarré bien clos, & foudé de tous les coftez. Lequel feruira pour flotter deffus l'eau du vaiffeau A. apres faut auoir vn fifon fait comme la figure B. C. D. le monftre, lequel paffera à trauers vn tuyau de cuiure, qui fera au milieu du petit vaiffeau, & faut que ledit tuyau paffe de part & d'autre dudit vaiffeau, & le fifon entrera dedans auec vn peu de forcef, & faut auffi que le bout dudit fifon puiffe tréper dedans l'eau du vaiffeau A. & en haut au point C. il y aura vne corde atachee, paffante par deffus la poulie L. & à l'autre bout fera ataché le contrepois E. & au bout de laxe, du cofté I. fera atachee vne efguille laquelle monftrera les heures en la monftre O. P. & apres que lon aura rempli le vaiffeau A. lon pofera le vaiffeau F. deffus, comme a efté dit, & auffi le fifon & contrepois, puis lon attirera l'eau dudit fifon par le bout D. auec la bouche, & d'autant que ledit bout eft plus bas que le niueau de leau du vaiffeau A. ladite eau aura fon cours, & tombera dans vn autre vaiffeau. H. & à mefure que l'eau dudit vaiffeau s'abaiffe, le petit vaiffeau. F. s'abaiffera auec le fifon, ce qui fera caufe de faire tourner la poulie, & par confequent lefguille de la monftre, & pour aiufter le cours des heures, faudra alonger ou acourfir le fifon dans le tuyau de cuiure du petit vaiffeau, car en pouffant ledit fifon vn peu d'auantage dans l'eau, elle courra plus vifte, & au contraire le retirant, elle fe retardera, faut auffi noter, que pour aller fort iufte fera de befoing d'aiufter vn petit tuyau au bout D. dont l'extremité du bout ou eft le petit pertuis par ou fort l'eau, fera d'or fin, à celle fin que ledit trou ne fe bouche de rouille, ce qu'il fe feroit, s'il eftoit de plomb ou cuiure, & quand l'eau du vaiffeau A. fera prefque vuide, on la fera remonftrer auec vne petite pompe marquee E.

PRO-

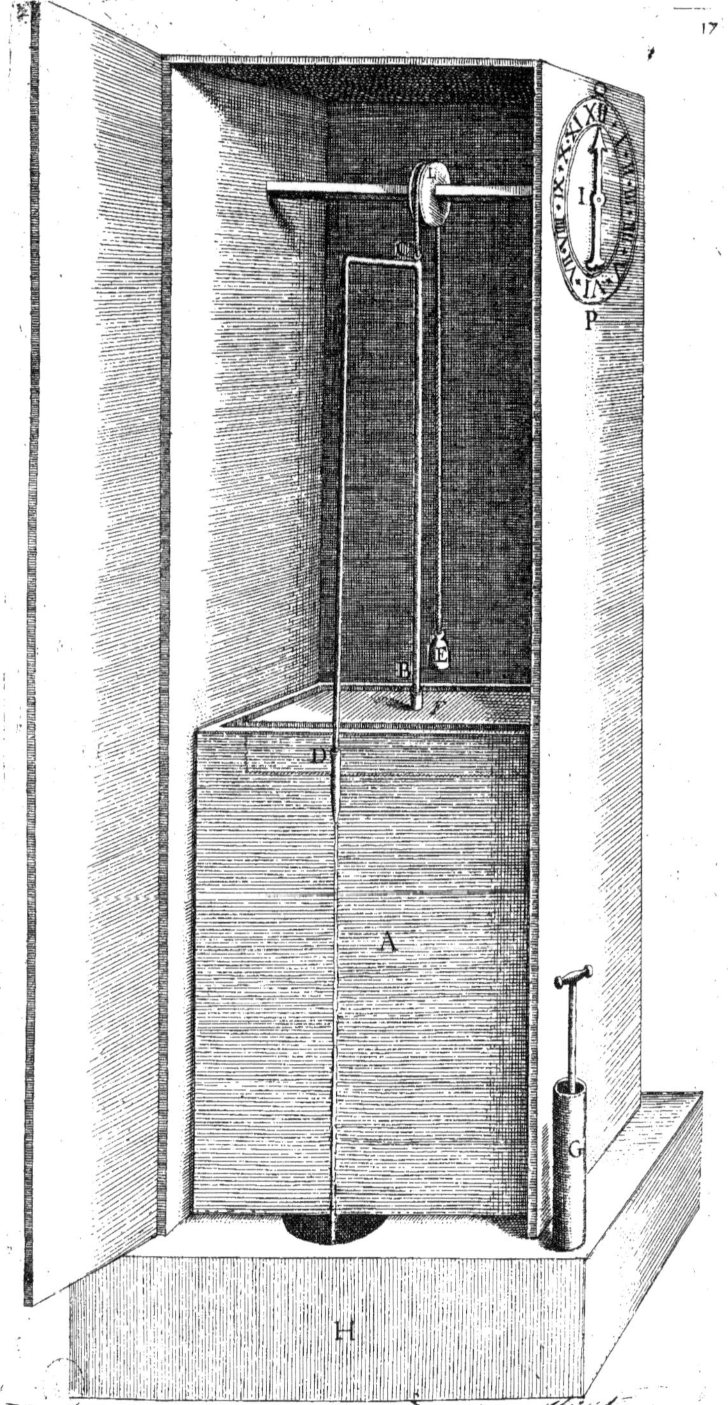
P
I
L
B
E
D
A
G
H

PROBLESME IX.

Pour faire vn vaiſſeau, auquel mettant de l'eau par force, ſortira puis apres auec grande violence.

SOIT vn vaiſſeau de cuiure bien rond & de force aſſez capable pour ſouſtenir l'esfort de l'air, & qu'il ſoit bien clos & ſoudé de tous coſtez, apres y faudra ſouder deux tuyaux, ſçauoir A. B. & C. D. en ſorte que chaſcun bout dedans approche autant du fond du vaiſſeau, comme il eſt beſoing, pour laiſſer paſſer l'eau, & à chaſcun deſdits tuyaux, il y aura vne clef ou robinet pour ſerrer l'eau, quand elle ſera dedans, laquelle on mettra auec une Seringue par le tuyau C. D. & faudra bien aiuſter le bout de ladite Seringue au bout C. à celle fin qu'en pouſſant l'eau dedans elle ne reſorte par la iointure, & à l'inſtant qu'on là pouſſee dedans, il faudra ouurir la clef G. puis la reſerrer auſſi toſt qu'il n'y a plus d'eau dedans la Seringue, & ainſi quand l'on voudra faire ſortir l'eau, on tournera la clef ou robinet F. puis elle ſortira par le tuyau A. (duquel le trou ſera fait, auſſi menu que la groſſeur d'vne eſplingue,) douze ou quinze pieds de haut, ce qui donnera plaiſir à voir.

PROBLESME X.

Pour contrefaire la voix des petits Oiſeaux par le moyen de l'eau, & l'air.

SOYENT deux vaiſſeaux marquez A. & B. celuy de A. ſera remply d'eau, & celuy B. bien clos, & ſoudé de tous coſtez, puis faut ſouder le tuyau C. D. vn bout contre le fond du vaiſſeau A. & l'autre paſſant en la partie ſuperieure de B. & que le bout D. ſoit autant diſtant du fond de B. comme il eſt beſoing pour laiſſer paſſer l'eau, faudra auoir vn robinet marqué F. audit tuyau pour ouurir & ſerrer quand beſoing ſera, faudra encores faire vn tuyau G. H. par lequel l'aër paſſera à trauers ledit vaiſſeau. A. ou bien ſera conduit au lieu ou l'on voudra faire chanter les Oyſeaux, audit bout ſera aiuſté vn petit ſifflet ſemblable à ceux que font les faiſeurs d'Orgues, pour repreſenter le chant d'vn Roſignol, & ledit ſifflet trempera dans l'eau, comme il ſe peut voir en la figure particuliere K. & ainſi quand l'on ouurira le robinet F. l'eau deſcendra au vaiſſeau de bas, & l'air qui eſt audit vaiſſeau ſortira par le tuyau G. H. lequel fera ſiffler le ſiflet qui eſt au bout dudit tuyau, & aupres d'iceluy, l'on pourra poſer vn arbriſſeau artificiel, deſſus lequel l'on mettra quelques oyſeaux de bois où metal peints comme le naturel.

PROBLESME XI.

Pour aiouſter au ſuſdit mouuement vn Cigne, ou quelque autre Oyſeau, lequel boira autant d'eau comme on luy donnera.

IL ſe pourra encores faire qu'au vaiſſeau A. il y aura vn Cigne fait de metal comme il eſt deſigné en la figure M. lequel boira autant d'eau comme on luy preſentera ſoubs le bec, & pour ce faire, il faudra bien clorre le vaiſſeau A. de tous coſtez, & faire vn tuyau marqué N. au bout de haut duquel il y aura vn petit receptacle, & l'autre bout aprochera autant du fond dudit vaiſſeau, comme il faut pour laiſſer paſſer l'eau, & au Cigne il y aura vn tuyau marqué O. ſoudé deſſus la ſuperficie dudit vaiſſeau, en ſorte que quand l'eau deſcendra par le Robinet F. au vaiſſeau de bas, l'aër entrera au vaiſſeau A. par le tuyau, qui reſpondra au bec du Cigne, & ſi lon met de l'eau ſoubs le bec dudit Cigne, il l'attirera en la place de leau qui deſcend.

PRO-

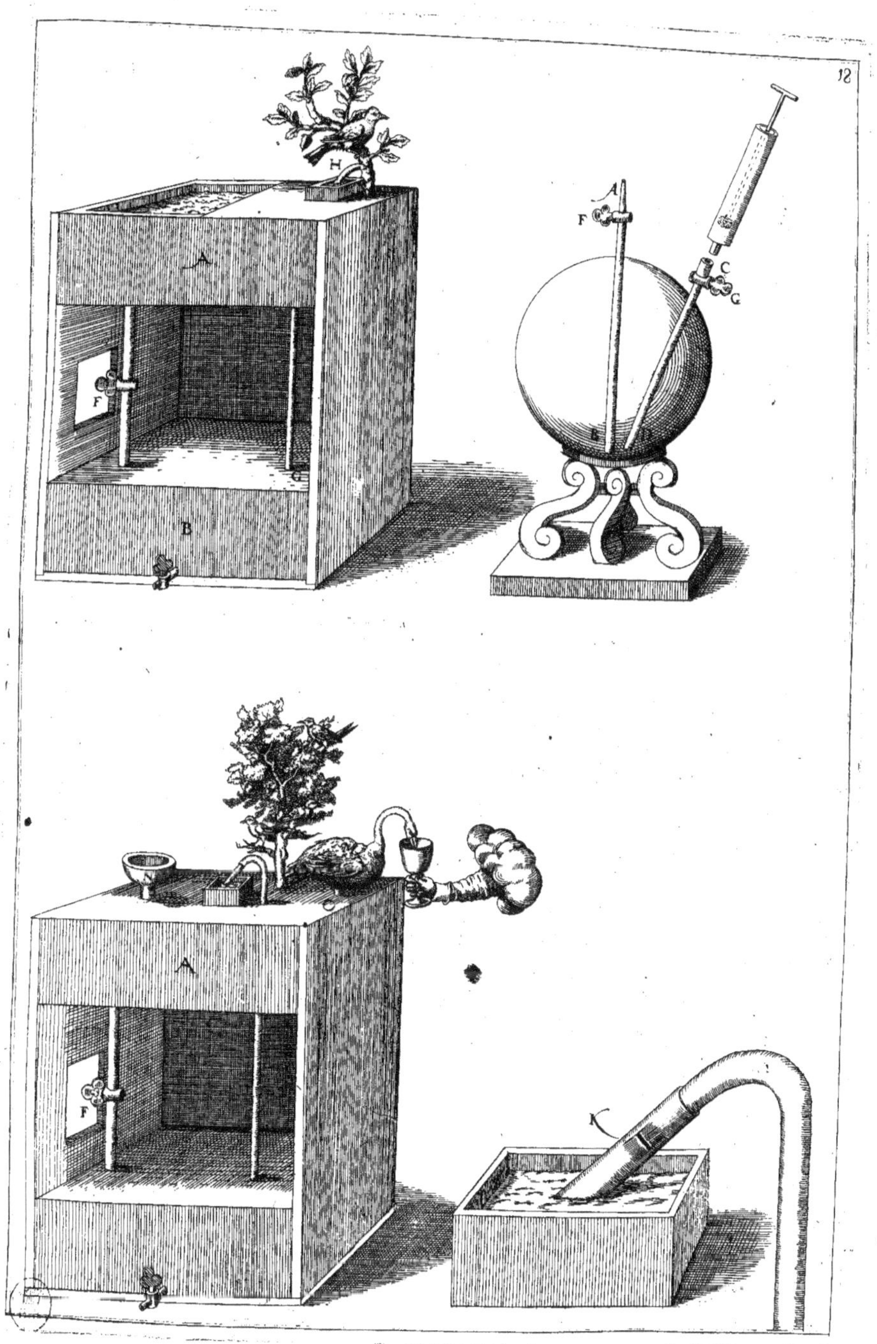
H
A
F
G
B
A
F
C
G
A
F
B
N
K

Liure premier.

PROBLESME XII.

Pour faire vne Machine, laquelle aura mouuement de soy-mesme.

Les quatre
elements dõt
la machine
est composee
sont entendu
et, sauoir la
matiere dõt
elle est com-
posee pour la
terre & leau
de dedans
pour leau &
l'air ainsi
fait son ef-
fect dedans
le vaisseau.
comme aussi
fait le feu,
faisant mon
ter & descë-
dre la balle.

I L y a eu plusieurs hommes lesquels se sont trauaillez à la recherche d'vn mouuement qu'ils ont appellé (sans le congnoistre) perpetuel, ou sans fin, chose assez mal consideree & mal entendue, d'autant que tout ce qui a commencement, est subiect à auoir vne fin, & faut applicquer ce mot de perpetuel ou sans fin à Dieu seul, lequel comme il n'a eu commencement, ne pourra aussi auoir fin, tellement que ceste follie & orgueil aux hommes, de se vouloir faire acroire de faire des ouures perpetuelles, veu que eux mesmes sont mortels, & subiets à vne fin, ainsi seront toutes leurs ouures, tellement que ie laisseray ces mots de perpetuel ou sans fin, & monstreray icy la fabrique d'vne machine qui s'agist de soy-mesme, pourueu qu'elle soit entretenue des quatres elements dont elle est composee. I'ay demonstré au Theoresme cinquiesme, comme l'eau monte par l'aide du feu, plus haut que son niueau. I'ay aussi demonstré à la premiere definition, comme toute chaleur naturelle peut estre dite feu elementaire, ainsi ceste disposition naturelle de la chaleur, & du defaut de chaleur, seruira de contrepois, pour faire monter leau, ie dis disproportion pour agir, d'autant qu'il faut en tout mouuement, que le fort emporte le foible, autrement les choses estant en esquilibre ou en proportion esgualle, il ny pourra auoir mouuement, doncques ceste disproportion estant en l'air eschauffé par la chaleur du Soleil, sera la cause du mouuement, comme il se pourra voir icy par la fabrique. Soit vn vaisseau de plomb ou de cuiure de viron vn pied & demi en quarré bien clos & soudé de tous les costez auquel il y aura vn tuyau au milieu marqué D. E. le bout E. approchera du fond du vaisseau, comme il est besoing pour laisser passer l'eau, & l'autre bout D. sera bien soudé contre le haut du vaisseau, & y aura aussi vn souspiral marqué F. apres faut esleuer les deux costez de la machine N. M. en sorte que laxe O. auec la poullie G. puisse tourner facillement, & monstrer au dehors du costé M. le mouuement de ladite machine, auec lesguille apposee contre laxe susdite, faut aussi auoir la bordeure P. Q. soudee au dessus du vaisseau laquelle seruira quand l'on voudra mettre de leau dedans le vaisseau, & aussi quand leau monte par le tuyau E. D. qu'elle ne s'espande dehors, tout cecy estant bien & iustement construit, lon versera de leau dedans ledit vaisseau, par le tuyau D. E. iusques a enuiron le tiers dudit vaisseau, & ouurira on le souspiral F. quand on mettra ladite eau au vaisseau, puis on le rebouchera tresbien, apres on aura vne petite balle de cuiure fort legere marquee L. laquelle puisse flotter dessus leau, & sera attachee par vn fillet, en sorte que ladite balle puisse hausser & baisser dans le tuyau D. E. quand leau hausse ou abbaisse, faudra aussi que ledit fillet ou est attaché la balle, passe par la poulie G. au bout, duquel filet sera attaché vn petit contrepois R. comme le tout se peut bien voir en la figure, apres faut poser ladite machine dedans vne chambre, ou le Soleil du Mydi puisse entrer, alors quand il fera vn peu de challeur, la balle se haussera, & le contrepois s'abaissera, qui fera cause que lesguille tournera, & monstrera la hauteur que la balle est montee, & comme le temps se refroidira, la balle s'abaissera, & ainsi comme le temps se changera, ainsi la balle se haussera & abaissera, faut noter, que si le vaisseau est vn pied & demi de haut, & estant empli au tiers deau, restera vn pied que la balle pourra hausser & baisser, & faisant la poulie de quatre pouces en diametre, alors elle tournera vn tour, si la balle se hausse iusques au bout D. tellement que diuisant la monstre en douze parties esgualles, chacune partie monstrera vn pouce, que la balle aura haussé où abaissé. Quand à l'vsage de ladite machine, elle pourra seruir a remarquer les iours

les

les plus froids ou les plus chauds, car estant ladite machine en quelque part de
la chambre que le Soleil ne donne point dessus, alors la balle de cuiure se haussera
selon la temperature du iour, car s'il est fort chaud, ladite balle se haussera fort haut,
& si au contraire il est temperé, ladite balle se haussera que fort peu, faut noter aussi,
que quand lon mettra leau dedans ladite machine. Il faut que ladite eau soit fresche-
ment tiree d'vn puis ou fontaine, & incontinent qu'elle est dedans, faut bien boucher le souspiral, & au bout de quinze iours ou vn Moys faudra remettre d'autre eau
dedans, d'autant que partie de ladite eau s'exalle, qui feroit cause que ladite machine n'auroit son mouuement.

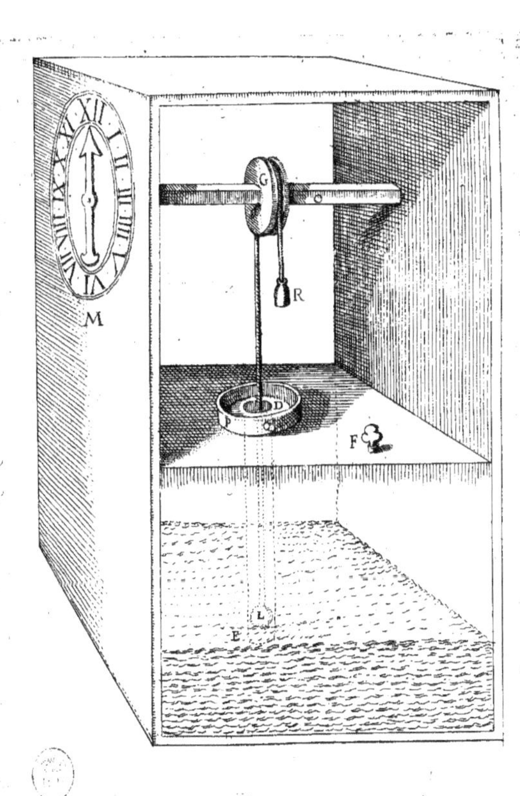

PROBLESME XIII.

Machine fort subtile, par laquelle on pourra faire eslever vne eau dormante.

L a esté monstré par le precedent probleme, la fabrique & raison d'vn mouuement continuel, de laquelle invention, i'ay prins la presente machine, à laquelle lon pourroit attribuer le tiltre de fontaine continuelle, à raison que leau, laquelle de sa nature cherche le plus bas lieu, est esleuee icy par le moyen du Soleil, ceste dite machine aura vn grand effect aux lieux chauds, comme l'Espaigne & l'Italie, d'autant que le Soleil se monstre en ces endroits, presque tous les iours, auec grande chaleur, & speciallement en Esté, la fabrique en sera telle, faut auoir quatre vaisseaux de cuiure, bien soudees tout à l'entour lesquels feront chascun viron vn pied en quarré, & huit ou neuf pouces de haut, lesdits vaisseaux seront marquez A. B. C. D. & y aura vn tuyau marqué E. posé sur lesdits vaisseaux, auquel tuyau seront soudees quatre branches marquees chacune branche par la lettre F. lesdites branches seront soudees au haut des vaisseaux passants iusques pres du fond de chascun vaisseau, faut apres au millieu du tuyau souder vne soupape marquee G. faite & posée en sorte, que quand leau sortira des vaisseaux, elle puisse ouurir, & estant sortie, qu'elle se puisse reserrer, faut aussi auoir vn autre tuyau au dessoubs desdits vaisseaux marqué P. auquel y aura aussi quatre branches, lesquelles feront toutes soudees contre les fonds desdits vaisseaux, & aussi vne soupape marquee H. à laquelle il y aura vn tuyau au bout, qui descendra au fond de leau, laquelle sera dans vne Cisterne ou vaisseau marqué I. il y aura aussi à l'vn des vaisseaux vn trou ou esuent marqué M. ainsi faudra exposer la machine en vn lieu, ou le Soleil puisse donner dessus, puis verser de leau dans les vaisseaux par le trou ou esuent M. laquelle eau se communiquera à tous les vaisseaux, par le moyen du tuyau P. & faut que lesdits vaisseaux ayent environ le tiers de leurs contenu deau, & l'air qui estoit en la place de ladite eau, sortira par les souspiraux 3. 4. 5. 6. apres faudra bien boucher tous lesdits souspiraux, en sorte que l'air ne puisse sortir desdits vaisseaux, & alors que le Soleil donnera sur ladite machine, il se fera vne expression, à cause de la chaleur, (comme a esté monstré au precedent problesme) ce qui causera leau de monter de tous les vaisseaux, au tuyau E. & sortir par la soupape G. & tuyau N. puis tombera dans le petit bassin O. & de là dans la Cisterne I. & comme il sera sorti vne quantité d'eau par la violence de la chaleur du Soleil, alors la soupape G. se reserrera, & apres que la chaleur du iour sera passé, & que la nuit viendra, les vaisseaux pour euiter vacuité, attireront l'eau de la Cisterne, par le tuyau & soupape H. P. pour remplir les vaisseaux comme ils estoyent auparauant, tellement que ce mouuement continuera autant comme il y aura de l'eau à la Cisterne, & que le Soleil donnera dessus les vaisseaux, & faut noter que les deux soupapes G. & H. seront faites fort legeres, & aussi qu'elles serrent fort iustes, sans que l'eau puisse descendre quand elle sera montee.

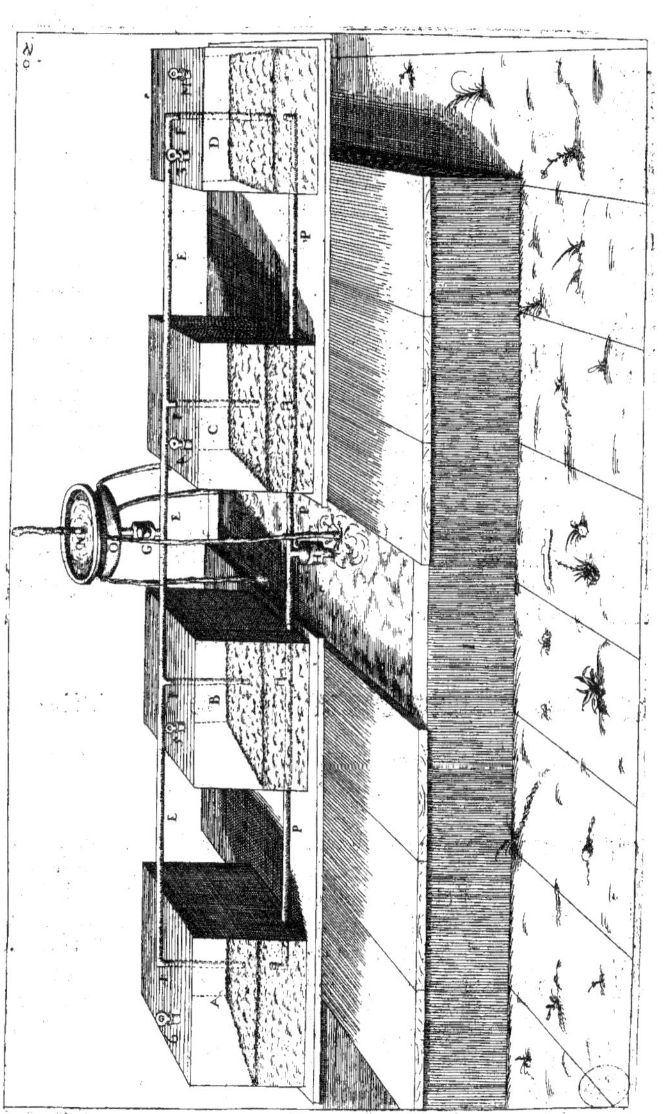

N.° 2.
A
B
C
D
E
G
M
O
P

PROBLESME XLII.

Machine par laquelle l'on augmentera la force de la precedente fontaine.

S I l'on defiroit auoir l'eau cinq ou fix pieds de haut, la machine precedente ne la pourroit efleuer fi le Soleil ne donnoit auecques grande violence, & pour augmenter la force dudit Soleil, il fera befoing que les vaiffeaux de cuiure foyent faits en la maniere comme la prefente figure le monftre, & fur les coftez A. B. lon apofera des verres, autrement appellez miroirs ardans, lefquels feront bien aiuftez dans le cuiure, en forte que l'air n'en puiffe fortir, lefdits verres feront marquez, les deux grands de chacun vaiffeau, par les lettres C. D. & les petits E. F. G. H. & faut pofer le cofté du vaiffeau L. vers le Mydi, à celle fin que le Soleil donnant deffus lefdits verres ardans, raffemble les rayons du Soleil dans les vaiffeaux, ce qui caufera vne grande challeur à l'eau, & par ce moyen fortira en plus grande abondance, & auffi plus haut s'il en eft befoing, & quand aux autres coftez des vaiffeaux ou font les verres, ils feront pofez vers l'Occident, pour eftre auffi le Soleil fort chaud apres Mydi, & faut noter, que fi la grande chaleur faifoit fortir toute l'eau qui feroit dans lefdits vaiffeaux, fçauoir le tiers du contenu d'iceux, alors il en faudra mettre plus que le tiers, fçauoir la moitié du contenu defdits vaiffeaux, à fçauoir par le foufpiral, comme a efté dit au precedent problefme, i'ay auffi fait cefte prefente figure plus grande que la precedente, & quand à la foupape fuperieure, elle pourra eftre dans le vafe qui fouftient le bafin de la fontaine. Et quand aux grandeurs des verres ardans, ils pourront eftre comme ils font pourtraits aux figures. A. B. & feront efpes par le milieu, comme lefdites figures le monftrent.

Maniere de faire le ciment pour cimenter les verres aux vaiffeaux, en forte que l'air n'en puiffe fortir.

POUR faire vn ciment bien durable contre la chaleur du Soleil, & auffi qu'il puiffe bien prendre contre le verre, l'on prendra de la chaux viue, cinq ou fix pieces, lefquelles feront couuertes auec de tuille pulverifee, puis verfer vn peu d'eau deffus ladicte tuille, laquelle viendra à d'eftremper la chaux, & la reduire en poudre, & faut garder que ladite chaux ne foit trop humide, ains feulement mife en poudre, puis la deftremper auec du frommage mol, mellant auffi viron le tiers de ladite tuille battue, puis cimenter bien les iointures defdits verres auec les vaiffeaux de cuiure, il fe fait encores vne autre forte de ciment, lequel eft auffi tresbon, pour c'eft effect, à fçauoir du verre broyé auec de l'huylle de lin, & mefler auffi vn peu de chaux defteinte, auec, ce dernier eft auffi tresbon contre l'eau, & ne s'humecte en aucune façon comme le premier, lequel feruira feulement pour les chofes qui font hors de l'eau.

PRO-

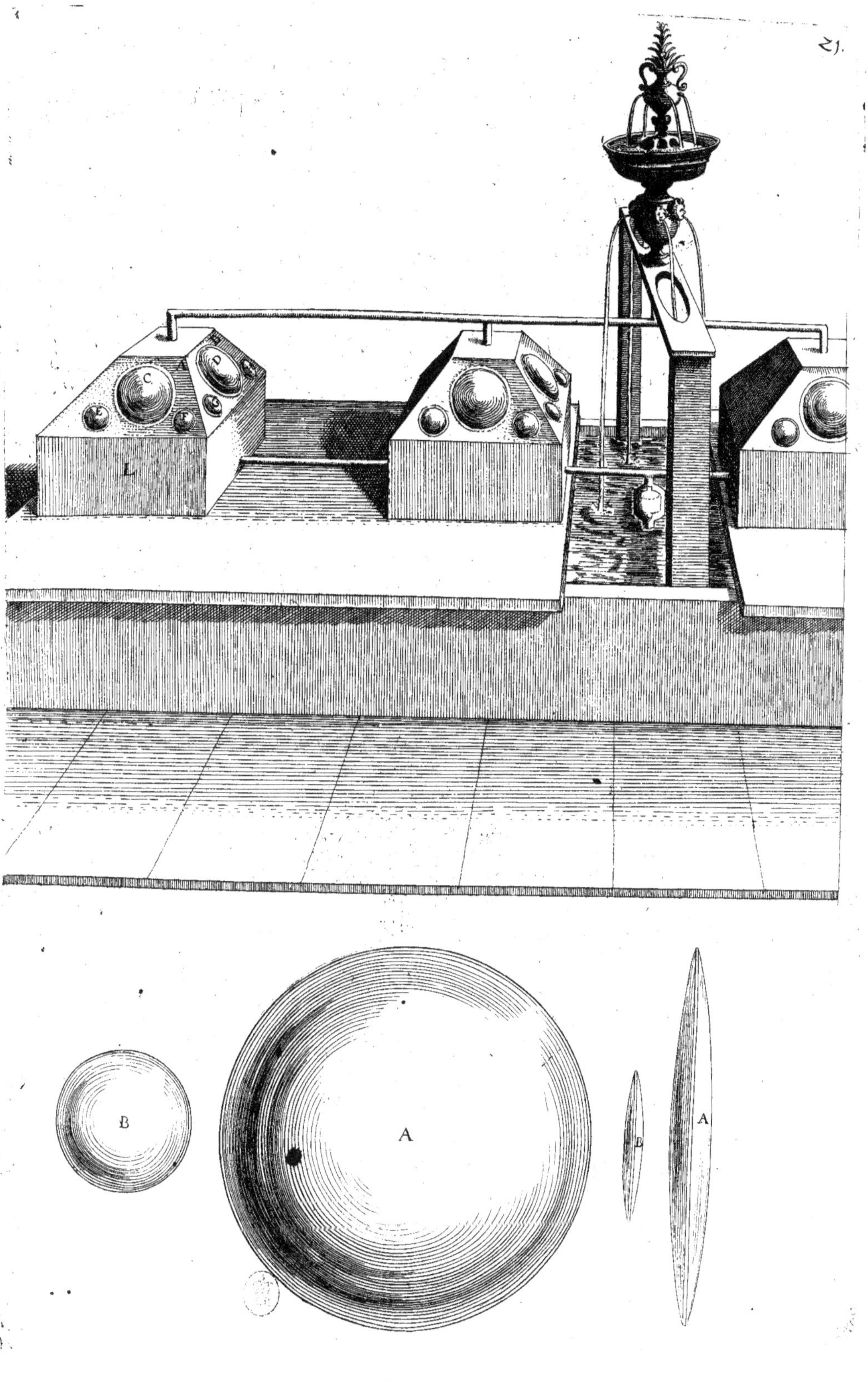
L
C
D
B
A
B
A

PROBLESME XV.

Autre maniere pour augmenter la force de la fontaine preœdente.

AU PRECEDENT Problesme, il a esté monstré le moyen d'augmenter la force de la fontaine continuelle, & d'autant que les verres ardans seront assez difficilles à bien aiuster dans le cuiure, pour empescher l'air de sortir aux iointures, il ma semblé bon de demonstrer encores une façon, laquelle se peut voir en la presente figure, le chassis A. B. sera fait, en sorte que l'on puisse enchasser quantité desdits verres ardans, lesquels seront posez d'vne distance de viron trois pieds, en sorte que les pointes des cones ardans que produisent lesdits verres, puissent donner sur les vaisseaux, lesquels estans eschauffez par la violente chaleur desdits verres, fera monter l'eau en grande quantité, & sera bon que ledit chassis soit grand, & d'auoir plusieurs verres enchassez, en iceluy, afin que le Soleil en faisant son tour, qu'il y en aye tousiours quelques vns qui puissent donner dessus les vaisseaux, & si lon desire cacher lesdits vaisseaux, en sorte qu'ils ne soyent veuës dans la chambre, l'on pourra faire vne petite galerie exposee vers le mydi, en sorte que le Soleil puisse donner sur lesdits vaisseaux qui seront dedans ladite galerie, puis passer le tuyau C. D. dedans la muraille, & conduire l'eau en la fontaine qui sera dedans la chambre, comme il se peut voir en la figure.

PRO.

ZZ
A
B
C
D

PROBLESME XVI.

Pour faire monter l'eau par le moyen des pompes, & d'vne roue à eau.

'A y enseigné par cy deuant, aux trois premiers Problesmes, le moyen d'esleuer l'eau par le moyen des Pompes, & pour donner quelques varietez des desseings, i'ay encores mis cestuy cy, lequel a son mouuement auec quelques roües dentelees, fort propres pour esleuer & abaisser les seaux desdites pompes, soit donques premiement la roüe à eau à l'axe, de laquelle sera deux roues dentelees, marquez l'vne A. & l'autre B. lesquelles auront chascune vingt & quatre dents, & feront tourner chacune vn pignon de six dents, marquees l'vn C. & l'autre D. & aux axes desdits pignons, feront deux autres pignons, l'vn marqué E. & l'autre F. apres l'on aura des roues, comme il se peut voir aux figures. G. H. lesquelles feront faites presque en oualle, mais les costez feront tous droits depuis L, iusques à I. en sorte que les pignons E. & D. tournans, puissent leuer lesdites roües perpendiculaires, & quand elles feront leuees, (comme lesdits pignons tourneront tousiours) fera que lesdites roües longues, iront vn peu de costé, iusques à ce que les autres branches droites de derriere se viennent à rencontrer contre lesdits pignons, & alors lesdites roües, si elles estoyent hautes se rabaisseront tout droit, ainsi lesdites roües haussants & abaissants, feront leuer & abaisser les seaux. Or d'autant que lesdites roües ne tournent point, & qu'elles ne font que hausser & abaisser, il fera besoing pour les faire tenir en estat contre lesdits pignons, de faire que deux autres roües marquees O. P. feront disposees, en sorte qu'vn semblable pignon les tournants toutes deux, feront en sorte que deux demies tambours marquez M. N. tournants tantost l'vn d'vn costé, tantost de l'autre, sera cause de faire tenir lesdites roües G. & H. en estat, & pour faire meilleure demonstration de la figure, ie n'ay point mis lesdites roües M. N. d'vn costé, & aussi que pour plus facille intelligence de ce mouuement, i'ay mis le plan de l'ortographie suiuant, & aussi au bas de ce present mouuement, i'ay mis, vne des pompes en plus grand volume que non pas au desseing, & faut noter, que quand lesdites roües longues font poussees de costé, quand elles font en haut, alors en descendant, elles ne poussent pas les branches des pompes perpendiculairement, comme il se peut voir au costé H, & à celle fin que par ce defaut lesdites branches ne laissent de descendre droit, & sans estre forcees, l'on mettra vne petite roue de cuiure marquee T. dans la charniere V. il faudra aussi noter, que le pignon qui fait mouuoir les roües O. & P. ne se peut voir, mais il le faut considerer estre passé au mesme axe de ceux E. & C. & aussi il faudra que lesdites roües O. & P. contiennent chacune autant de dents comme les longues roües.

PRO.

PROBLESME XVII.

Orthographie de la precedente Machine.

CAUSE que la precedente Machine eſt fort difficille à entendre, i'ay mis icy ſon Orthographie, ou il ſe peut voir comme les deux rouës longues G. H. ſe hauſſent par le moyen du pignon X. Si ce mouuement eſt bien entendu, il pourra ſeruir en pluſieurs autres choſes diuerſes, comme à faire tirer des Sies, pour ſier du bois, & autres mouuements, leſquels ont beſoing de hauſſer & baiſſer, p reſque perpendiculairement. Il faut auſſi noter, que tant plus leſdites rouës H. & G. ſont eſlongnees des pompes, tant plus le mouuement va droit, mais d'autant que ie faits au deſſeing les pieces du mouuement auſſi grandes que le papier le peut permettre, ie ſuis contraint de faire les pieces plus courtes qu'il ne faut, pour eſtre bien, & auſſi il n'eſt pas beſoing que toutes les rouës du mouuement ſoyent ſi pres de la rouë à eau, car elles ſe gaſteroyent de ladite eau qui tumberoit deſſus, mais quiconque voudra faire ledit mouuement on les mettra vn peu plus loing.

PRO-

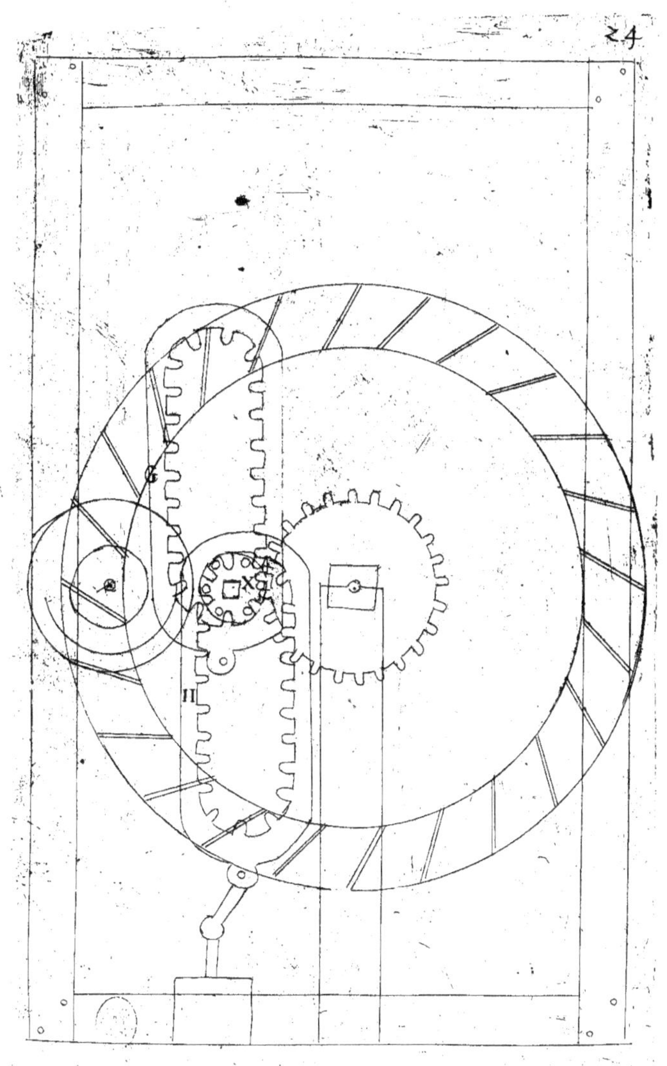

G
H
X

24

PROBLESME XVIII.

Machine par laquelle l'on pourra par la force d'vne roue à eau, faire fier du bois, auec grande promptitude.

ESTE Machine eft fort commune entre les montaignes au pays des Suiffes, auec laquelle ils font fier grande quantité de planches de Sapin, ladite Machine eft fort neceffaire d'eftre en vne grande ville, ou dans vne foreft où l'on fait fier du bois, foit en planches ou en autres formes, celle icy n'eft pas du tout femblable à celles defdits Suiffes, car ils font aprocher la piece de bois des fies, par le moyen de quelque roues dentelees, auec vn roquet, mais à cau-fe des reparations qui viennent fouuent audites roues dentelees, ie tache toufiours d'en euiter l'vfage autant comme ie peux, ainfi i'ay mis les deux contrepois de viron deux ou trois cents liures chacun, dont l'vn eft marqué A. & l'autre fe doit ima-giner au bout de la corde B. (car s'il eut efté deffeigné, il empefcheroit la veüe du mouuement de la charniere C. par laquelle les fies hauffent & abaiffent perpen-diculairement) les cordes ou pendent lefdits contrepoix, feront attachees tout au der-riere de fes deux pieces de bois mobiles, lefquelles gliffent fur deux autres pieces de bois ftabilles, par le moyen de quelques petites poulies qui pourront eftre dedans la char-niere, & ainfi lefdits contrepois tireront toufiours lefdites pieces de bois mobiles, & la piece que l'on defire eftre fiee, fera ferme entre lefdites pieces mobiles, laquelle a-uançant toufiours auant, & les fies hauffans & baiffants, pourront fier ladite piece en grãde diligence, l'on pourra mettre deux trois ou quatre fies au plus fur le fuft, diftan-tes l'vne de l'autre, autant comme l'on veut auoir d'epeffeur aux planches, & quand la piece de bois fera au bout, alors vn homme ou deux auec vn leuier tourneront vn rouleau, ou fera attachee vne forte corde, qui fera reuenir ladite piece en arriere, & rehauffer les contrepois, & apres on mettra ladite piece de bois vn peu de cofté, pour faire reprendre les fies derechef contre ladite piece de bois.

PRO.

B
C
A

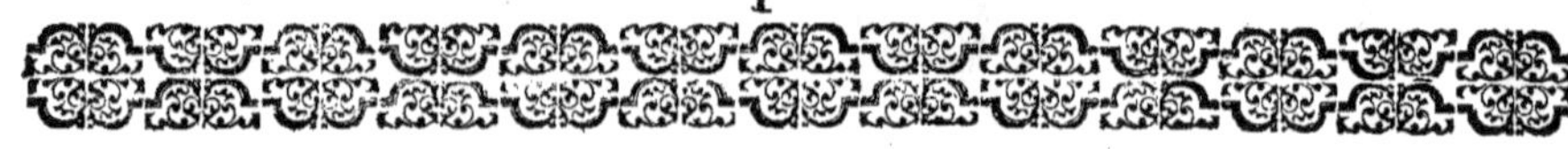

PROBLESME XIX.

Machine de grand service, propre pour percer des pipes de bois.

SOIT vne rouë à eau, à l'axe de laquelle sera vne rouë dentelee de trente & six dents, ou dauantage, selon la vitesse de la roüe à eau, car si elle tourne lentement, il en faudra d'auantage, & y aura vn pignon de six dents, que ladite roüe dentelee tournera, comme il se peut voir en la figure, & à l'axe dudit pignon sera ioint vne longue tarelle marquee A. laquelle sera posee à trauers vn trou marqué B. s'ouurant & serrant comme la lunette d'vn tour à tourner, apres l'on posera la piece de bois (pour percer) ferme sur vn chantier marqué C. D. en sorte que ledit chantier puisse glisser facilement par le moyen de quelques petites roues, lesquelles seront dans la graueure d'iceluy, & tourneront sur la charniere stable, en sorte qu'vn homme puisse auec sa force, pousser & retirer ladite pipe quand elle sera ferme sur ledit chantier, & ainsi la tarelle tournant, l'homme poussera le bout de ladite piece de bois contre, & apres que ladite tarelle aura percé deux ou trois pouces auant, il faudra incontinent retirer ladite piece de bois arriere, à celle fin de faire vuider le bois de la tarelle autrement elle seroit en danger de rompre, & faudra continuer tousiours de retirer ladite piece, quand elle aura percé trois ou quatre pouces, pour vuider tousiours ledit bois, iusques à ce que le trou soit outre, & apres si l'on veut ledit trou plus grand, l'on prendra vne certaine façon de tarelle comme la figure E, le monstre, laquelle est faite presque comme vne cuillier taillante par les bors, & en passant ladite tarelle agrandira fort le trou ia fait.

PRO.

B
A
D
E
26

PROBLESME XX.

Machine fort necessaire par laquelle l'on peut donner grand secours aux maisons qui seroyent enflambees.

ESTE machine est fort experimentee en Alemaigne & ay veu le grand & prompt secours qu'elle peut aporter, car encores que le feu fut 40. pieds haut, ladite machine y iettera son eau par le moyen de quatre ou cinq personnes qui hauseront & abaisseront vne longue branche en forme de leuier, ou la branche de la pompe est atachee, ladite pompe est facile à entendre, par dedans il y a deux soupapes, vne en bas pour ouurir quand l'on hausse la branche, & en rabaissant elle serre, & vne autre ouure pour laisser sortir l'eau, & au bout de ladite machine, il y aura vn homme, lequel tiendra la pipe de cuiure A. la tournant d'vn costé & d'autre, suyuant le lieu ou le feu sera, quand on veut hausser ou abaisser ledit tuyau, se sera par le moyen d'vn autre tuyau ioingnant, marqué B. & faut que lesdits tuyaux l'vn mouue d'vn costé, & d'autre, à celle fin que l'on puisse tourner, hausser & baisser ledit bout A. suiuant l'occasion, & d'autant que l'eau qui est recueillie sur la roue est pleine d'ordures, & que facilement les soupapes pourroyent estre empechees de serrer par icelles, pour ceste occasion à la cuue dans quoy l'on verse l'eau, il y aura vne treille au millieu, de trous menus comme vne bien grosse esplingle, & serois d'advis (veu la grande utilité que ceste machine peut aporter au besoing, & le peu de coust d'icelle) qu'a chacune paroisse de ville, il y en eut vne, laquelle à vn besoing se peut trainer par trois ou quatre hommes ou le feu pourroit estre, & alors mettant de l'eau dans la cuue, elle est poussee en haut, sans peril d'hommes n'y atirail, d'eschelles, & faut noter, que si les soupapes sont de cuir, (comme l'on vse en beaucoup de lieux) alors il sera besoing que ladite cuue soit tousiours plaine d'eau, autrement ledit cuir venant à se secher, feroit manquer la machine au besoing.

PRO.

PROBLESME XXI.

Machine fort subtille pour tourner en oualle quelque chose que ce soit.

SOIT vn trou pour tourner, fait comme la figure superieure monstre, ou seront aiustées deux pieces de fer marquées B. A. lesquelles seront atachées contre les deux gros traineaus de bois C.D. en sorte que lesdites pieces soient mobilles de costé & d'autre , & seront atachées chacune auec vne corde ou il y aura vn contrepois pendu au bout comme il se peut voir en la figure de bas, apres l'on passera deux oualles de cuiure petites à trauers vn axe de fer marquées E. F. en sorte qu'elles touchent contre les deux gardes serres de fer marquées G. I. comme il se peut voir encores en la figure de bas , & ainsi quand laxe de fer tournera , alors lesdites oualles qui touchent contre les guardes serres fermes, causeront ladite axe de varier çà & là, de façon que tenant le fer ferme contre louurage que l'on desire faire , sera ledit ouurage oualle, d'autant que ladite axe tourne en oualle à cause de la variation des petites oualles de cuiure contre les gardes serres , & au millieu de ladite axe de fer il y aura vne poullie de bois ou sera passée vne grosse corde de boyau, laquelle sera aussi passée dans vne autre grande roüe qui sera tournée par vn garçon , & ainsi en tournant tousiours d'vn mesme sens , l'on trauaillera fort facillement, car de penser tourner ladite oualle auec le pied comme au tour ordinaire il ny a aucun moyen , à cause de la force qui est trop grande, & aussi que ladite oualle haussant & baissant brouilleroit l'outil, duquel on se sert à tourner, il y en a aucuns lesquels au lieu de contrepoids (pour bender les oualles de cuiure contre les guardes serres) se seruent de ressors d'acier, mais à cause de l'inesgualle force desdits ressorts ie trouue les contrepoids beaucoup meilleurs.

Il faut icy noter que le dessein de bas est semblable à celuy de haut, mais l'vn est tourné d'vn costé & l'autre de l'autre, & cela à esté fait pour mieux considerer les effects des guardes serres, & des contrepo ds , il faut aussi considerer que lesdites gardes serres entrent & sortent dehors aussi auant que l'on veut, & s'arrestent par le moyen d'vne petite vis marquée H. car il est besoing quelquefois de changer les oualles de cuiure & en mettre de plus grandes ou de plus petites selon l'ouurage que l'on desire faire, & quand à la pesanteur des contrepoids , ils seront aussi suiuant louurage que l'on desire faire, car si louurage est petit, lesdits contrepoids pourront peser 15. ou 20. liures chacun, & estant plus grand ils peseront 50. ou 100. liures au plus.

PRO.

PROBLESME XXII.

Pour faire repreſenter le chant d'vn oyſeau en ſon naturel, par le moyen
de l'eau.

LE CHANT ou ramage du roſignol eſt aſſez dificile à le bien repreſenter
en ſon naturel, toutefois ie donneray icy vne inuention, laquelle i-
mitera de bien pres ledit chant, ſoit premierement deux vaiſeaux
marquez A. & B. & ſoit auſſi vn tuyau ſoudé contre le fond A. auquel il y aura vn robinet marqué Q. lequel ſeruira pour donner l'eau &
faire tourner la roüe T. laquelle ſera de viron deux pieds en diametre,
faite de cuiure en fueille pour eſtre plus durable, & à l'arbre d'icelle
roüe, il y aura vn pignon de huit dents, marqué C. apres faudra auoir vn petit tabourin marqué E. de viron huit ou dix pouces en diametre lequel ſera bien aron-
di, & au coſté D. il y aura un petit receptacle pour receuoir l'eau qui tombe ſur la
roüe T. & audit receptacle il y aura vn tuyau marqué P. allant iuſques pres du fond
du vaiſſeau B. & en la ſuperficie dudit vaiſſeau il y aura deux tuyaux marquez L.
M. auſquels ſeront ſoudez deux robinets & à chaſcun d'iceux, il y aura vne reigle de
cuiure ſoudee à chacune clef deſdits robinets, en ſorte que quand l'on abaiſſera les
bouts V. X. deſdites reigles, les robinets ſe puiſſent ouurir, apres faudra mettre des
cheuilles ſur le tabourin marquees F. G. leſquelles abaiſſeront les bouts deſdites reigles, & feront ouurir leſdits robinets, à celle fin que l'air du vaiſſeau de bas monte
par les tuyaux L. M. & ſe rende à deux ſifflets, qui ſeront au bout deſdits tuyaux,&
ſi l'on veut repreſenter le chant d'vn Roſſignol, l'on mettra trois ou quatre cheuilles
ſuiuantes l'vne l'autre pour toucher ſur vne meſme reigle, auec quelque peu d'interualles entre icelles, puis l'on mettra vne longue touche ou cheuille pour tenir l'autre
reigle baſſe, le reſte de l'eſpace du petit tabourin, & au bout deſdits porteuents L. M.
(comme a eſté dit) il y aura deux ſifflets à vn diton l'vn de l'autre, ſauoir celuy qui
ſonnera trois ou quatre fois ſera le plus bas,& l'autre l'aigu, & les bouts deſdits tuyaux
tremperont dans l'eau, comme en la precedente, mais ſi l'on veut repreſenter le chant
du Coqu, il y aura ſeulement deux touches deſſus le tabourin, comme il ſe peut
voir en la figure, & les ſifflets ſeront de la groſſeur d'vn pouce & demi en diametre,
& le plus long aura vn pied, & l'autre dix pouces, & ſeront couchees aupres de l'oyſeau, comme il ſe peut voir en la figure H. I. mais ſi l'on veut repreſenter le chant
d'vn Coq, l'on mettra au bout des porteuents des tuyaux appellez des faiſeurs d'orgues tuyaux à anches, ou regalles, accommodant les cheuilles du tabourin à propos
pour repreſenter ledit chant, il faudra auſſi attacher des fillets de cuiure pres des bouts
des reigles, pour en abaiſſant faire ouurir le bec de l'oyſeau, quand leſdits bouts des
reigles s'abaiſſeront, & quand au mouuement dudit oyſeau il ſera repreſente au probleſme ſuiuant.

PRO.

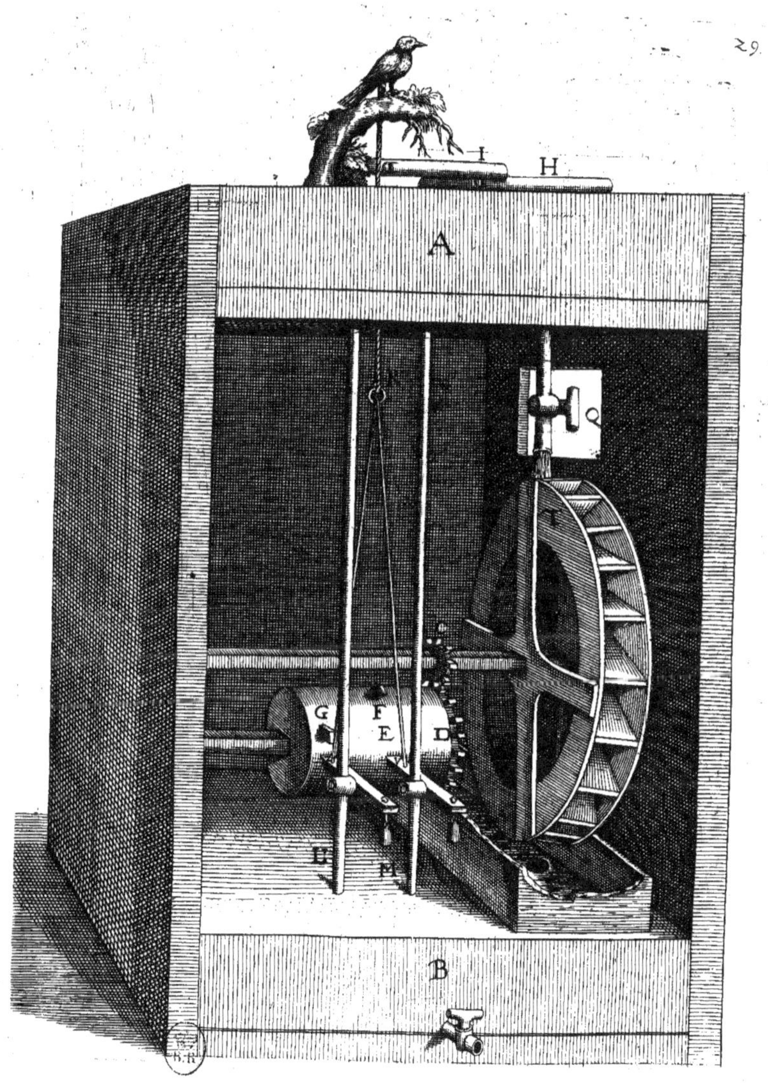
A
H I H
Q
G F E D
E
F
B

29

PROBLESME XXIII.

Pour faire reprefenter plufieurs oifeaux lefquels chanteront diuerfement quand vne choüet-
te fe tournera vers iceux, & quand ladite choüette fe retour-
nera, ils cefferont de chanter.

E mouuement a efté autrefois reprefenté par Herône Alexandrin,
mais non auec fi grande varieté d'oyfeaux comme ie le reprefenteray
icy, foit donques comme en la precedente vne roüe à eau A. laquelle tournera dans vne caffe de plomb où cuiure marquée C.
laquelle caffe feruira pour empefcher que l'eau qui tombe fur la
roüe à eau, ne fe reiailliffe çà & là & ne gafte le mouuement, &
laxe de ladite roüe fera apuyé fur deux trous ronds, qui feront aux
coftez de ladite caffe, & à l'vn des bouts dudit axe qui fortira hors de ladite caffe, il
y aura vn pignon de 8. dents marqué D. lequel fera tourner vn tabourin comme en
la figure precedente, mais ledit tabourin fera vn peu plus grand, fçauoir de 12. ou 15.
pouces en diamettre, & auffi il tournera de l'autre fens, fçauoir au lieu qu'en la pre-
cédente les bouts des reigles font abaiffées pour faire ouurir les robinets, ceftuy cy
les hauffe, non qu'il foit neceffaire que cefte diuerfité foit, mais cela eft fait pour donner à choifir des deux façons, apres il y aura trois porteuents marquées E. F. G. auf-
quels feront foudées les 3. robinets H. I. K. & aux clefs defdits robinets feront foudées les 3. reigles comme en la precedente, en forte que quand les cheuilles leuent les
bouts defdites reigles N. O. (comme apert en la figure) lefdits robinets fe puiffent
ouurir, & au bout de haut du porteuent E. il y aura deux où trois fiflets, pour reprefenter le chant des roffignols & autres petits oifeaux, & aux deux autres porteuents
F. G. il y aura aux bouts de haut diceux deux fiflets de mefme mefure, comme en
la precedente, pour reprefenter vn coucou, & quand aux cheuilles pour hauffer les
reigles, celle P. contiendra les $\frac{3}{4}$ de la circonference du tabourin, à celle fin de tenir
le robinet N. long temps ouuert, & les deux autres cheuilles Q. R. feront courtes en forte que quand R. fera paffée, & qu'elle aura fait ouurir le robinet K. l'autre marquée Q. fe prefentera & fera ouurir I. & fes deux reprefenteront le chant du
coucou par le moyen des deux fiflets qui font aux bouts des porteuents G. F. apres
la choüette fera pofée à l'autre cofté du mouuement, comme la figure demonftre
deffus vn petit bloc, auquel fera paffé vn petit axe de fer qui refpondra à trauers la poulie marquée S. & fera ferme à ladite poulie, en forte que quand on la tourne, que
la chouette fe puiffe tourner affi, il y aura femblablement deux autres poulies marquées V. T. aufquelles fera paffée vne corde à l'vn des bouts de laquelle il y aura vn
vaiffeau tresbuchant X. & l'autre bout fera ataché à vn petit leuier marqué 3. 4. &
au bout marqué 4. dudit leuier, il y aura vn petit contrepois, lequel fera balancé
auec le vaiffeau X. en forte que quand ledit vaiffeau fera à demy plain d'eau, qu'il
puiffe atirer le bout dudit leuier auec le contrepois en haut, & au contraire, quand
ledit vaiffeau fera vuidé, que ledit bout auec le contrepois puiffe atirer ledit vaiffeau
en haut, il y aura auffi vne cheuille marquée 6. ferme contre le fond du tabourin,
pour arrefter ledit tabourin, par le moyen de la reigle 3. 4. & auffi il y aura deux
tuyaux, lefquels donneront l'eau, fçauoir celuy B. fur la roüe à eau, & celuy Z.
(dont le bout fera menu comme le tuyau d'vne plume à efcrire) donnera dans le
vaiffeau X. tellement que quand ledit vaiffeau fera à demy plain, il s'abaiffera & fera leuer le bout du leuier 4. alors la roüe à eau qui ne pouuoit tourner auparauant

(à caufe

X.
R
E
F
G

(à cauſe qu'elle eſtoit arreſtee par le tabourin , qui eſtoit auſſi arreſté par le bout du
leuier marqué 3. contre la cheuille marquee 6.) tournera & fera chanter les oiſeaux
auec le coucou , & faut noter que quand le vaiſſeau X. s'eſt abaiſſé , que la poulie
S. a tourné vn demy tour , & aura fait tourner la chouette vers les oyſeaux , & ainſi
le chant deſdits oyſeaux continuera , iuſques à ce que le vaiſſeau X. ſoit plain & qu'il
ſe renuerſe , alors le contrepois du bout du leuier 4. atirera ledit vaiſſeau en haut , &
fera arreſter le tabourin , & par conſequent le chant deſdits oyſeaux , & apres que le
vaiſſeau X. ſera derechef à demy plain , il fera comme deuant , & la chouette ſe retournera vers les oyſeaux , leſquels recommenceront à chanter , & ainſi ce mouuement continuera iuſques à ce que le vaiſſeau de bas ſoit plain d'eau , & que l'air n'en
ſorte plus , & pour faire vuider l'eau dudit vaiſſeau , l'on fera vn petit pertuis au tuyau
en bas dudit vaiſſeau , d'où l'eau ſortira touſiours iuſques à ce qu'il ſoit vuide , &
faut garder que ledit trou ou tuyau ne ſoit trop grand , car il empeſcheroit que l'air
ne ſortiroit comme il faut pour le chant des oyſeaux , & quand au mouuement du
coucou il ſe fera en ceſte façon , Soit la figure marquee A. faite de plomb ou cuiure
creuſe par dedans en ſorte que l'on y puiſſe adapter vn mouuement, comme il ſe peut
aiſement comprendre par la figure , la partie inferieure du bec ſera faite en ſorte que
la reigle de cuiure B. hauſſant par dedans , puiſſe faire ouurir le bec , ce qui ſe pourra faire par le moyen d'vne petite cheuillete C. paſſante au trauers le deſſoubs du bec
& à la queue de l'oyſeau, il y aura auſſi vne reigle D. par dedans , en ſorte que quand
l'on baiſe le bout , que ladite queüe ſe puiſſe leuer , & ainſi il y aura vne reigle commune marquée   E. F. laquelle ſera auſſi ſuſpendue auec vne petite cheuillette paſſante au pertuis G. & alors quand l'on tirera vn petit filet (paſſant par dedans la iambe de l'oyſeau eſtant attaché à ladite reigle) le bec s'ouurira , & la queüe ſe hauſſera
comme il ſe peut comprendre par la figure.

P R O.

PROBLESME XXIIII.

Machine par laquelle l'on representera vne Galatee qui sera trainee sur leau par deux daufins, allant en ligne droite, & se retournant d'elle mesme, cependant qu'vn ciclope ioüe dessus vn flaiolet.

SOIT vne roüe à eau marquee L. dont la largeur sera separee par le milieu, & que d'vn costé les augets ou tombent l'eau soient faits pour tourner de la main dextre, & à l'autre costé ils seront faits pour tourner à senestre, & à laxe de ladite roüe, il y aura vn pignon qui fera tourner vne roüe dentelee marquee Z. & ladite roue aura vn axe aussi diuisé en deux, marqué I. H. & à ladite axe, il y aura deux chaines passees, en sorte que quand ladite axe tourne, que l'vne desdites chaines puisse tourner à l'entour, & l'autre se destourner, lesdites chaines passeront par les poulies G. F. & seront toutes deux atachees à la poulie B. mais l'vne passera par celle E. en sorte que quand l'on tourne laxe I. H. par le moyen de la roue à eau, lesdites chaines puissent, l'vne tirer ladite poulie B. vers le mouuement, mais si l'on fait tourner la roue à eau de l'autre costé, alors la chaine qui passe à trauers la poulie E. atirera celle B. à soy, & l'autre chaine se delachera à proportion, & quand à ladite poulie B. elle sera posee à trauers vn tuyau de cuiure, en sorte qu'il y puisse auoir vne platine de cuiure dessoubs ladite poulie entre les deux pierres longues C. D. de façon que ladite poulie puisse glisser facilement sur lesdites pierres, & que le tuyau A. se puisse tousiours tenir droit sans varier d'vn costé ny d'autre, mais tourner quand ladite poulie B. tourne, & sur ledit tuyau A. l'on aiustera vn autre tuyau N. en sorte que celuy A. puisse entrer bien iustement dedans, & ledit tuyau pourra conduire leau à la bouche & narines des daufins qui trainent la coquille ou est assise la Galatee, apres l'on aura vne petite casse de plomb ou cuiure marquee P. de viron vn pied & demy de long & vn de large, auquel il y aura vne soupape soudee au fond, marquee R. & au bout de bas d'icelle vn tuyau marqué N. & au milieu de ladite casse au costé Q. il y aura vn tuyau marqué O. & entre l'espace dudit tuyau, & le fond de ladite casse, il y aura vn petit tuyau, lequel donnera l'eau dans vn bassin marqué S. lequel sera ataché à deux trebuchets marquez V. T. en sorte que quand le vaisseau sera plain d'eau, qu'il puisse estre plus pesant que le couuerteur de la soupape R. & au contraire, quand ledit vaisseau sera vuide, il faut que ledit couuerteur de soupape soit plus pesant, à celle fin qu'elle puisse fermer & attirer ledit vaisseau en haut, & ainsi quand l'eau donnera dans ladite casse par le tuyau V. elle se haussera iusques au tuyau O. & tombera sur le costé de la roue à eau L. alors ladite roue tournante, fera tourner celle I. & par consequent laxe I. H. de telle façon que la chaine se tournera à l'entour de I. & se destournera de H. alors la figure de la Galatee, se mouuera vers la poulie E. à cause qu'elle y est atiree par ladite chaine qui tourne à laxe I. & faudra porportionner ledit petit vaisseau S. en sorte que s'emplissant par le petit tuyau Q. qu'il puisse estre plain au plus pres, & atirer la soupape en haut, quand la figure de la Galatee sera proche de la poulie E. & alors l'eau qui sera dans ladite casse tombera par la soupape sur le costé M. de la roue à eau, & fera tourner ladite roue de l'autre costé, en sorte qu'il faudra que la chaine H. se tourne à l'entour du costé de laxe H. & se destourne de I. ce qui sera cause de faire retourner la figure vers le mouuement, & alors l'eau ne courra pas dans le petit vaisseau S. à cause que la

foupape eftant plus baffe que ledit tuyau   Q.   empefche que l'eau ny peut plus
monter, & faudra qu'au fond dudit vaiffeau   S.   il y aye vn petit tuyau par ou fe
vuide ladite foupape   R.   fe referrera, qui fera caufe de faire remonter l'eau iufques
au tuyau   O.   & par confequent à celuy   Q.   & remplir ledit vaiffeau, & ainfi
la figure fe retournera vers   E.   comme au precedent, & ce mouuement durera autant, comme l'eau tombera fur la rouë   L.   tantoft d'vn cofté, tantoft de l'autre,
Et quand au ciclope, lequel doit ioüer du flaiollet, quand ladite figure fe mouue,
le mouuement en fera enfeigné au fuiuant problefme, c'eft à dire pour faire ietter
l'eau au daufin, qu'il faut auoir vn tuyau à l'opofite de celuy   A.   deffoubs les pierres   C. D.   en forte que quand celuy   A.   vient à fe rencontrer iuftemant à l'opofite, que l'eau qui fort dudit tuyau puiffe entrer dans celuy   A.   & fortir par les narines & bouches des daufins, faut noter que la caffe   P.   eft ouuerte par le cofté de
deuant à propos pour voir le mouuement de la foupape   R.   neantmoins ledit cofté doit eftre efgal aux autres.

PRO

PROBLESME XXV.

Machine par laquelle l'on reprefentera le fon d'vn flaiollet auec le cours de l'eau.

Cy fera reprefentee la machine propre pour faire fonner le flaiolet au ciclope du precedent problefme, foit donques vne roüe muficale marquée A. de viron 4. ou 5. pieds en diamettre bien arondie tout à l'entour, & graduee de dents, comme il fe peut voir en la figure, en forte qu'vn pignon de 8. dents marqué B. puiffe faire tourner ladite roüe, & à l'arbre dudit pignon il y aura vne roüe d'entelee de 32. dents marquee D. qu'vn autre pignon marqué C. tournera, & à l'arbre dudit pignon C. il y aura vne roüe à eau marquee F. de viron deux pieds & demy ou trois pieds en diametre, laquelle fera tournee par l'eau defcendante du tuyau G. & ainfi quand ladite roüe tournera, elle fera tourner la roüe muficale par le moyen des autres roües, apres l'on pofera le fommier marqué H. dont la fabrique fera monftree plus amplement au troifiefme liure, en forte que les touches dudit fommier aprochent paralelles à vn demy pouce pres ladite roüe muficale, apres l'on diuifera ladite roüe muficale en 25. ou 30. parties efgalles chacune partie en tournant, fera vne mefure ordinaire de mufique, & en outre, toutes lefdites parties feront diuifees en 8. pour pofer (fy befoin eft) des crochets fur chacune diuifion, dont en faut 8. pour vne mefure, & fi l'on veut, l'on y pourra encores pofer des demis crochets, apres pofer les cheuilles fur ladite roüe, fçauoir ¼ de pouce en dehors, la fuperficie de ladite roüe muficale, en forte que quand la roüe tournera, lefdites cheuilles puiffent toucher les touches du fommier, & les abaiffer pour faire ouurir les foupapes dudit fommier, quand aufdites cheuilles elles fe poferont felon la chanfon qu'on defire faire fonner au flaiollet, celle qui eft icy pofee, commence ainfi & quand l'on voudra changer de chanfon, il fe pourra faire, defmontant le pignon. B. hors de la roüe muficale, par le moyen d'vn apuy de fer marqué L. fur quoy ledit pignon fera pofé, & delachant la petite vis marquee N. qui tient ledit apuy en eftat, alors ledit apuy fe tirera dehors fon trou, & ledit pignon fera defioint de la roüe muficale, laquelle fe pouuant tourner auec la main, l'on affoirra telle autre chanfon que l'on voudra deffus ladite roüe, les douze trous qui font au fommier feruent pour porter le vent dudit fommier par des porteuents de cuiure ou de plomb aux pipes d'orgues pour reprefenter le fon du flaiollet, lefqulles feront tout ioignant la figure du ciclope, la conftruction defdits tuyaux fera enfeignee au troifiefme liure, & quand aux crochets qui pendent aux cordes P. O. ils feruiront pour hauffer la roüe muficale en haut, à celle fin que s'il aduenoit quelque faute aux foupapes de dedans le fommier l'on y puiffe remedier, ouurant ledit fommier par deuant, comme l'on fait ordinairement, le grand porteuent marqué R. S. pourra eftre de bois de quatre pouces en quarré pour conduire le vent au fommier, lequel viendra des fouflets, comme fera enfeigné au troifiefme liure, mais s'y l'on vouloit faire iouër ledit flaiollet fans aucuns fouflets, alors il faudroit faire comme fera enfeigné au problefme 31.

PRO

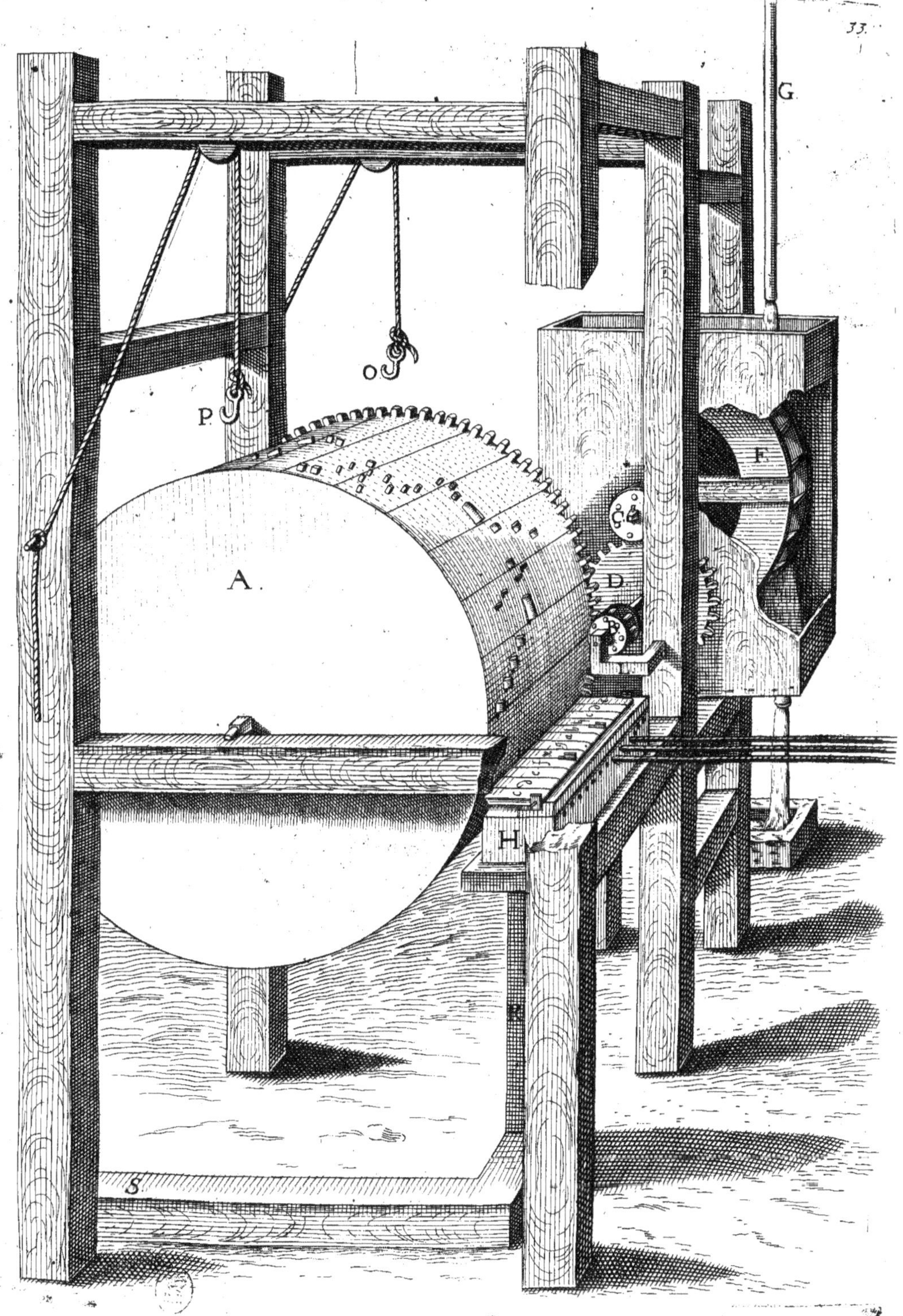

G.
P.
O.
A.
D.
F.
H.
S.

PROBLESME XXVI.

Plan Ingnografique de la grote de la Galatee descripte au vingtroisiesme pro-
blesme, & celuy aussi, pour faire joüer le Flaiollet descript
au vingtquatriesme problesme.

LADITE grote, pourra estre de trenteneuf pieds de long par dedans,
& trentesix de large, compris les places pour les mouuements, la
porte est marquee N. laquelle est oposite à la figure du ciclope
marqué D. derriere ladite figure au lieu C. seront les dou-
siesme sislets pour representer le Flaiollet, & la place marquee B.
sera pour le mouuement dudit Flaiollet, la place marquee F. sera la reserve d'eau, ou se mouuera la figure de la Galatee, & la place
A. sera pour son mouuement, & au lieu marqué G. l'on pourra mettre le mouuement des souflets, selon qu'il est descript & desseigné au problesme, & à l'autre costé H. l'on pourra mettre quelque autre mouuement, quand à l'ornement de ladite grotte, il pourra estre fait auec des Roches, & coquilles rustiques, ou auec com-
partiments de figures, & grotesques.

PRO.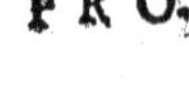

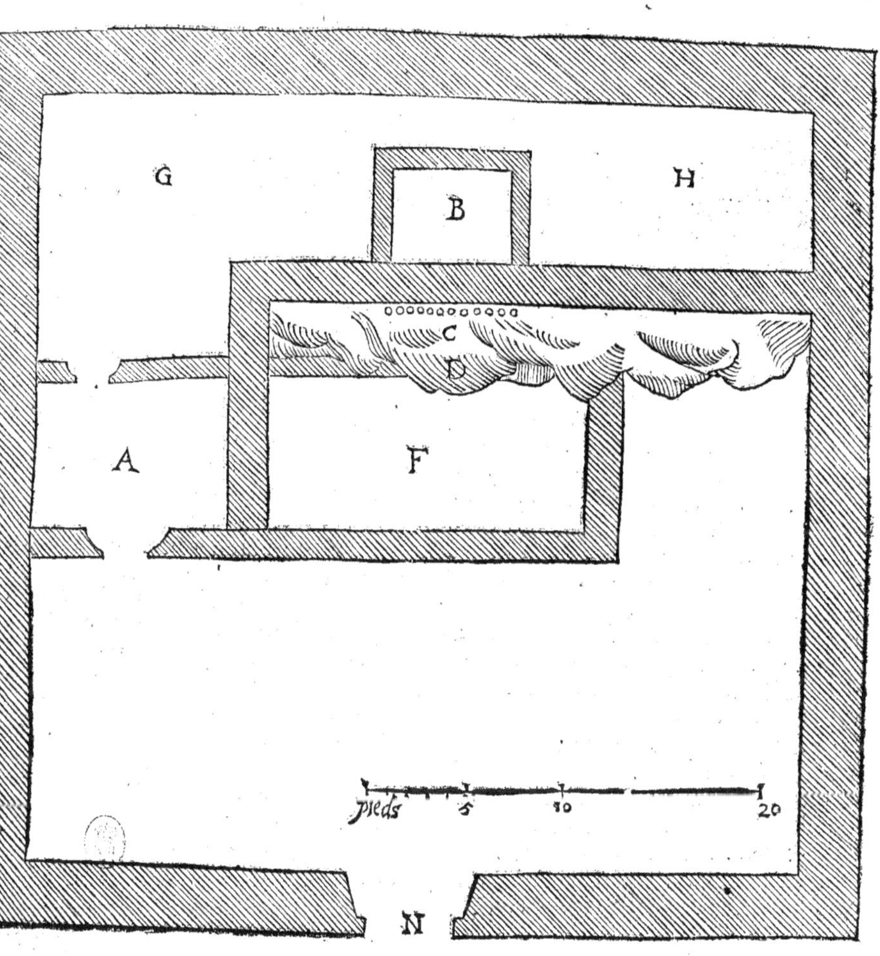

G
H
B
C
D
A
F
pieds
5
10
20
N

PROBLESME XXVII.

Machine, par laquelle sera representé vn Neptune, lequel tournera circulaire-
ment, à l'entour d'vne Roche, auec quelques autres figures, lesquel-
les ietteront de l'eau en tournant.

OIT vne roüe à eau, marquee A. laquelle en tournant fera tourner vne roüe dentelee marquee B. le pivot de laquelle fera apuyé
deſſus vne piece de bois droite, & l'arbre de deſſus marqué P. Q.
fera foudé ferme, contre vn tuyau de cuiure marqué S.R. &
au bout d'iceluy, il y aura vn petit recipien, ou tombera l'eau, a-
pres il y aura vn autre grand tuyau, marqué T.V. lequel fera
auſſi foudé ferme contre l'arbre, vn peu plus bas, que R. en ſor-
te que ledit tuyau grand, puiſſe tourner par deſſus vn autre tuyau, marqué de lignes
punctees lequel fera entrelaxé, (marqué auſſi de lignes punctees,) & ledit grand tuyaux, & celuy d'entre deux fera foudé ferme, au fond de la reſerve de plomb marquee
C.D. & le grand tuyau T.V. fera foudé à vne grande roüe marquee E.F. laquelle approchera, à deux pouces pres du fond de ladite reſerve, en ſorte que quand la
roüe de bas B. tourne, que ladite roüe E.F. puiſſe tourner auſſi, d'autant quelles ſont fermes, en vn commun accés, apres au deſſus du grand tuyau, il y aura vn
autre petit tuyau marqué G.H. lequel fera foudé contre R. en ſorte que l'eau
deſcendante par ledit tuyau, puiſſe ſortir par le bout H. & ainſi quand la roüe à
eau tournera, leſdites figures qui ſont deſſus ladite roüe tourneront, & l'on pourra
aſſoir le Neptune deſſus le bout H. en ſorte que l'eau puiſſe venir au trident, qu'il
tient en ſa main, & auſſi aux narrines des cheuaux qui le trainent, & les deux tritons
deſſus M. & le Cupidon qui mene les Daufins deſſus N. & l'on pourra encores mettre quelque autre figure deſſus Z. & à celle fin de couurir le tuyau, qui
deſcend depuis S. iuſques au bas de la conſerve, l'on fera vne Roche, comme il
ſe peut voir au deſſeing de haut, qui deſcendra depuis le haut de la grote, ou ſera ledit mouuement, iuſques pres du fond de la reſerve ſans y toucher, n'y auſſi à aucuns
des tuyaux, à celle fin que le tout puiſſe tourner librement, & faudra que en tournant
la reſerve ſoit touſiours plaine d'eau d'vn pied de haut, à celle fin que l'on ne puiſſe
voir le mouuement de la roüe E. F.

PRO-

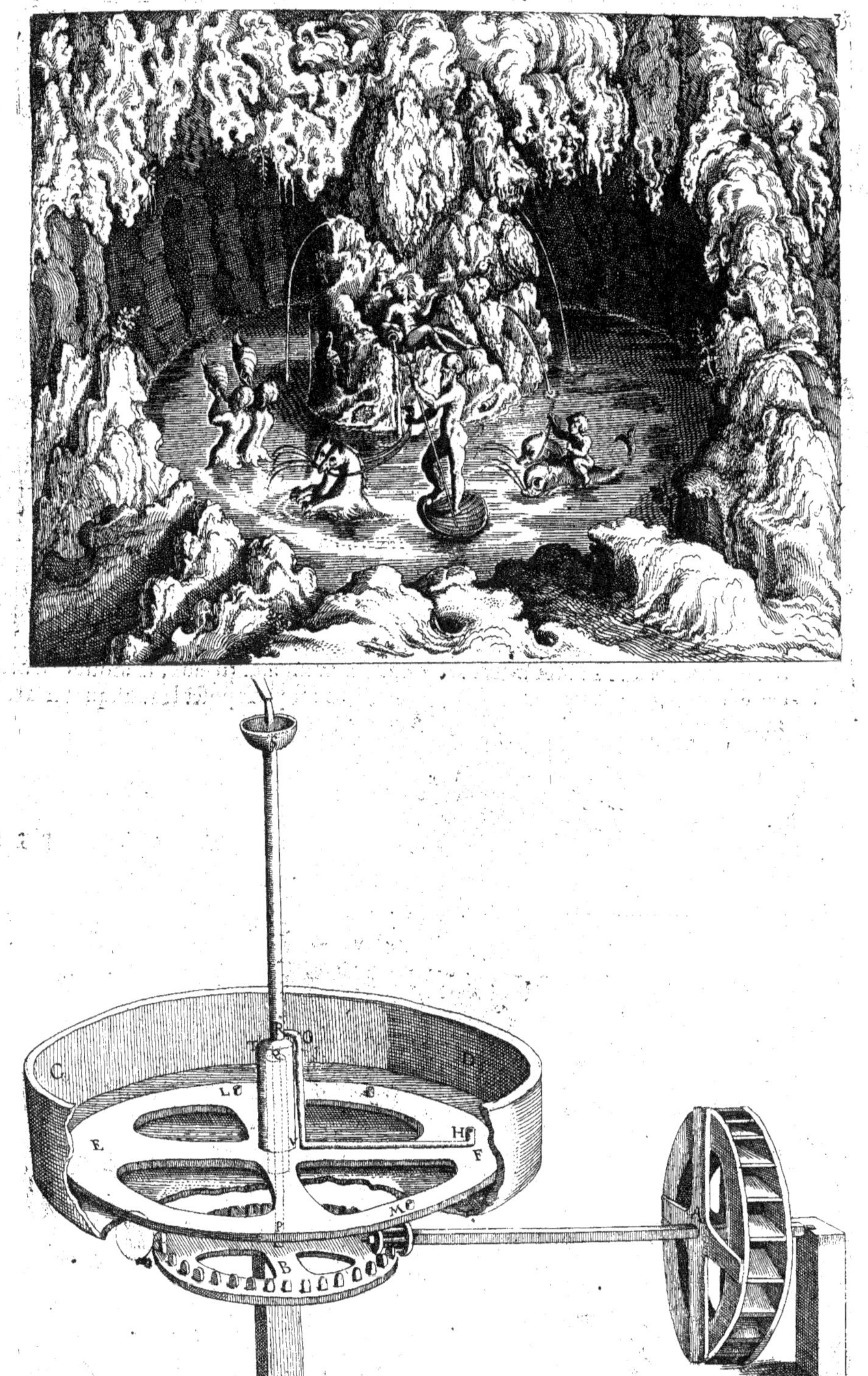

PROBLESME XXVIII.

Machine par laquelle l'on fera sonner vn jeu d'Orgues, par le moyen de l'eau.

CESTE Machine, est fort semblable à celle demonstree au vingtcinquiesme Problesme, la difference de l'vne à l'autre est seulement à la diuerse demonstration des desseins, car le precedent se void de pourfile, & cestuy cy de front, & cela a esté desseigné à propos, à celle fin que ce qui pourroit manquer d'estre entendu à l'vn, se puisse recouurer à l'autre, la rouë musiqualle, marquee A. pourra estre de cinq à six pieds en diamettre, laquelle sera tournee par vn pignon de huit dents à laxe, duquel sera vne rouë de vingtquatre dents, qui sera tournee par vn pignon à laxe, duquel sera vne rouë à eau C. le clauier est marqué D. & le sommier F. dont la fabrique sera enseignee au troisiesme liure, les registres marquez G. H. I. sont trois differens l'vn de l'autre, la fabrique d'iceux auec la mesure des tuyaux, seront aussi enseignez audit troisiesme liure, & à celle fin que l'on n'oye point le bruit, que fait le mouuement quand il jouë, il sera bon qu'il y aye vne muraille d'vn pied espais, entre les registres & ledit mouuement, les portevents de cuiure, qui partent du sommier pour venir aux registres, passeront à trauers ladite muraille, quand aux soufflets pour donner le vent aux tuyaux, le mouuement d'iceux en sera donné au prochain Problesme, & aussi pour poser la musique sur la rouë musiqualle.

P R O.

A
C
D
E
F
G

PROBLESME XXIX.

Machine, par laquelle les soufflets de la precedente, se pourront hausser pour donner le vent aux tuyaux d'Orgues.

IL y a deux diverses façons de faire, donner le vent aux tuyaus d'Orgues pour les instruments hidrauliques, l'vne façon est auec des soufflets, faits auec des fueilles de bois garnies de cuir, l'autre est auec l'air, qui vient des cisternes, par faute de vacuité, comme sera enseigné icy apres, à present ie monstreray à faire lever lesdits soufflets, par le moyen d'vne roüe à eau, comme il se peut voir par le present desseing, ou la longue branche de fer, ou de cuiure, divisee en quatre manevelles tournantes, par le moyen de ladite roüe à eau, fait lever lesdits soufflets alternativement l'vn apres l'autre.

PRO.

PROBLESME XXX.

Repreſentation de la Roüe muſiqualle, en plus grande forme pour ſeruir au problesme 28.

POVR entierement demonſtrer la precedente machine ie mettray icy vne repreſentation d'vne partie de la roüe muſiqualle auſſi grande comme le naturel à celle fin que l'on puiſſe voir parfaitement comme les cheuilles abaiſſent les touches du clauier, ladite partie repreſente ſeulement ſis meſures, dont l'vne ſera marquee de noir ou de gris, tout du long de ladite roüe & l'autre ſera marquee de blanc, a celle fin de plus facillement diſcerner leſdites meſures, en outre chacune meſure ſera diuiſée en 8. parties, & faudra tirer des lignes tout au long deſdites diuiſions leſquelles ſoient bien paralelles au clauier & ſi l'on veut l'on percera des trous ſur chacune diuiſion pour changer les cheuilles quand l'on voudra changer de chanſon, apres l'on poſera leſdites cheuilles, en ſorte qu'elles touchent ſur le clauier enuiron de l'eſpeſſeur d'vne deſdites cheuilles, & que l'vne ne touche point plus fort que l'autre, toutefois quand on viendra aux demis crochets dont y en a ſeiſe pour vne meſure, il ſera bon qu'ils ne touchent point ſi fort que les autres, a celle fin que l'vne cheuille ne touche auparauant que l'autre aye paſſé outre la touche, ce qu'il faut obſeruer a toutes les autres meſures, autrement ce ſeroit vne muſique confuſe, quand a la fabrique de la roüe muſiqualle il eſt beſoing qu'elle ſoit de bois de cheſne extrememement ſec & les pieces bien aſemblées & colées enſemble, a celle fin qu'elle ne s'enfle ny d'vn coſté ny d'autre, & quand aux cheuilles elles ſeront de cuiure ou de bois bien dur, en outre faut noter qu'en la preſente figure qu'il ny a que la moitié du clauier deſſeigné, auſſi beaucoup de feintes manquent a ladite figure, a raiſon que le papier a empeſché de la mettre entiere, auſſi grande que le naturel, mais ce qu'il y a de deſſeigné peut ſufire pour l'intelligence du reſte, & quand a la piece de muſique qui eſt poſée ſur ladire roüe (dont il s'en voit ſis meſures de deſſeignez) elle ſuit icy apres.

PRO-

D C B A G F♯ F E D C B A G F E D C B

65. Mesures du Madrigal, Che fera fed al cielo, d'Alessandro Strigio. mis en Tablature par Pierre Filippe.

PROBLESME XXXI.

Machine hidraulique, par laquelle des orgues pourront sonner,
auec l'eau sans aide de soufflets.

SOIT vne roüe musiqualle marquee **A.** laquelle aura son mouuement, comme la precedente, & au lieu que le clauier est dessus le sommier, icy il n'y aura aucun sommier, mais les touches du clauier comme il se void auront chacune vne longue queüe marquee **B.** au bout de bas, de laquelle sera ataché vn long filet, lequel tiendra ferme a vne branche, au point **C.** & ladite branche sera bien soudée contre laxe d'vn robinet, marqué **D.** comme à esté enseigné parcideuant au problesme sixsiesme, & ledit robinet sera soudé contre vn gros porteuent marqué **E.** en sorte que quand la touche **B.** sera abaissée par les cheuilles de la roüe musiqualle, la queüe de ladite touche atirera ladite branche **C.** & fera ouurir le robinet **D.** & le contrepois marqué **F.** fera resserrer ledit robinet, aussi tost que la touche se rehaussera, & y aura autant de robinets, comme de touches, & les branches ou seront atachées les filets du second robinet marqué **G.** seront vn peu plus hautes que du premier, à celle fin que les filets qui seront atachés audites branches, n'empeschent point ceux de ce second robinet, & les branches du trentiesme robinet **H.** seront vn peu plus basses que de celuy **D.** à celle fin aussi que les filets qui y doiuent estre atachées n'empeschent les autres, & celles du quatriesme marqué **P.** seront plus hautes pour la mesme raison, apres les porteuents **I. L. T. V.** seront soudées au bout des robinets par vn des bouts, & l'autre sera ioint dans d'autres porteuents qui passeront à trauers la muraille **M. N.** sur lesquels seront posées les tuyaux, comme il se peut voir en la figure, & sur chascun porteuent, il y aura deux tuyaux a l'octaue l'vn de l'autre, où à lunison, & si l'on y en veut mettre d'auantege, on le pourra faire, ie n'ay mis icy que quatre robinets, pour esuiter confusion, mais comme ces quatre sont faits, tous les autres seront semblables, le gros porteuent qui vient de la conserue à vent, sera soudé contre les deux ou sont soudées les robinets, à celle fin que le vent soit bien communiqué audits robinets, & delà aux tuyaux, & a celle fin qu'il ne manque rien que ladite machine ne soit bien entendue ie feray encores les desseings suiuants.

P R O-

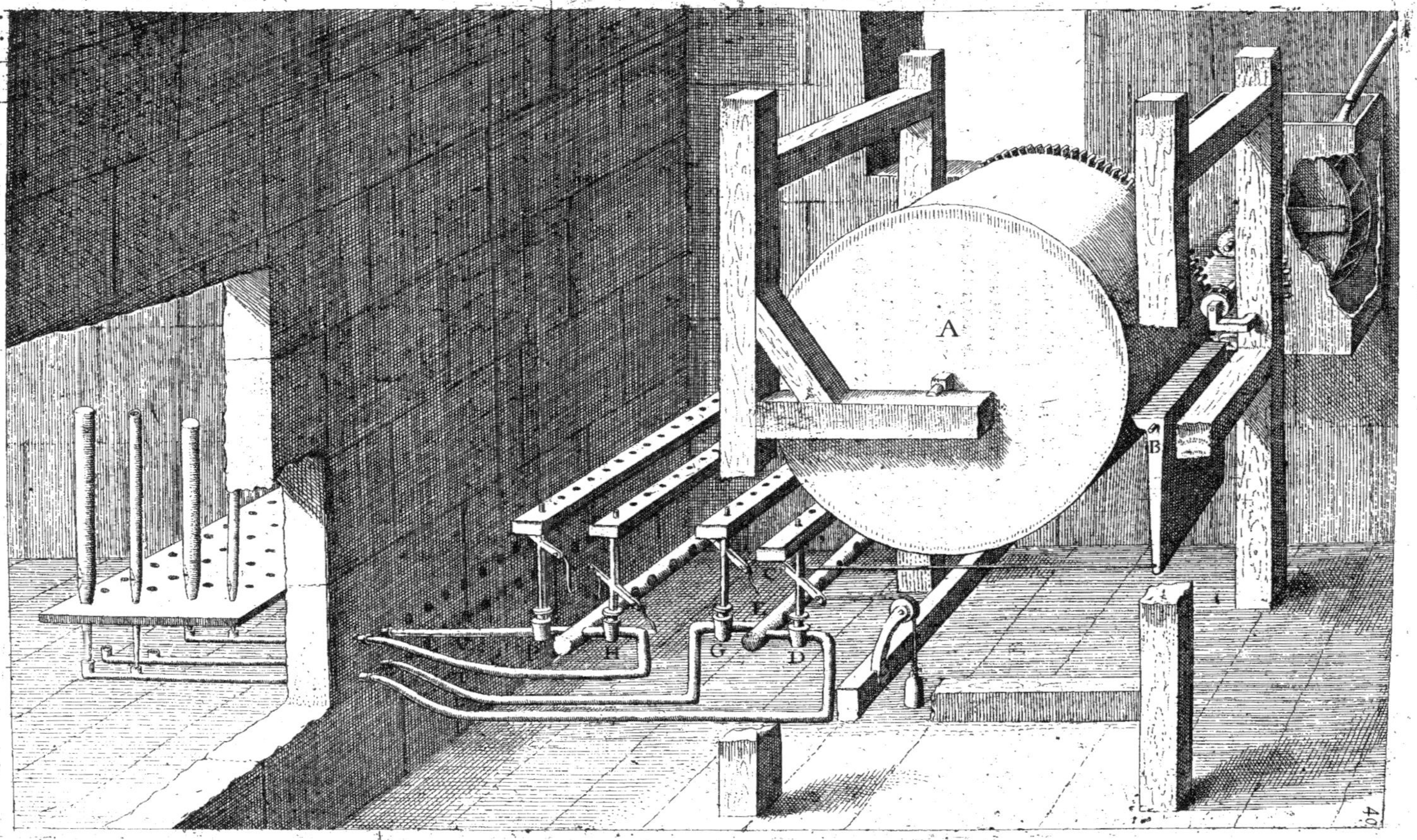

A
B
F
H
G
D
40

PROBLESME XXXII.

Autre deſſeing, de la precedente machine.

E deſſeing icy eſt la meſme machine precedente, mais il eſt deſſeigné d'vn autre coſté, en ſorte que grande partie des robinets, ſe
peuuent voir icy, & auſſi les tuyaux d'orgues, les portevents ſur
leſquels ſont les tuyaux, paſſeront à travers vne muraille, a cellefin
que le bruit de l'eau, qui ſe fait au pres de ladite machine, ne ſoit
ouy ſi fort, car ladite muraille, empeſchera ledit bruit, le portevent
qui vient de la conſerve, ſera marqué   F.   lequel eſt ſoudé contre
vn autre portevent   G.   qui communique le vent aux deux portevents, ſur leſquels
les robinets ſont ſoudés, & quand l'on voudra acorder les tuyaux, d'autant qu'il ny
à point de regiſtres, voicy comme l'on fera, il faudra mettre dans toutes les bouches,
(des tuyaux ouverts,) des petites pieces de papier, pour les engarder de ſonner, apres
l'on acordera le jeu bouché, & apres qu'il ſera bien d'acord l'on oſtera leſdites pieces
de papier, pour acorder leſdits tuyaux, auec ceux qui ſont deſia d'acord.

P R O.

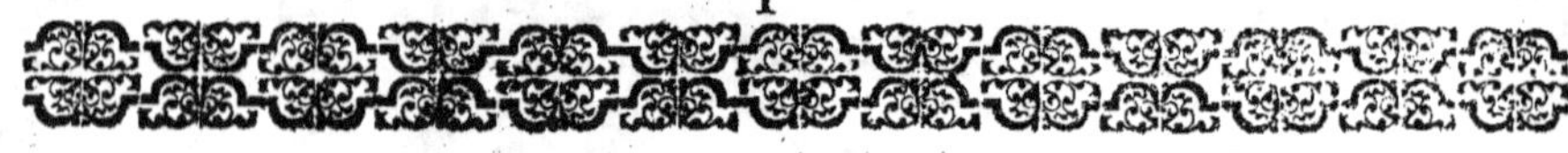

PROBLESME XXXIII.

Plan Ingnografique, de la precedente machine hidraulique.

A CELLE fin qu'il ne manque rien à l'intelligence de la precedente machine, i'en demonstreray icy le plan de l'ingnografie, les robinets desseignés, aux precedentes par les lettres A. B. C. D. sont icy arangées par ordre auec leurs nombres correspondans, aux porteuents, qui passent outre la muraille, les autres qui doibuent estre soudées contre les robinets, & aiustées contre lesdits porteuents, sont obmis audit plan, à cause que leurs obliquité, seroit cause que ledit plan seroit ofusqué de lignes, mais lesdits porteuents, auec le reste de ce qui n'est desseigné icy, se peut facillement recognoistre aux desseings precedents.

PRO-

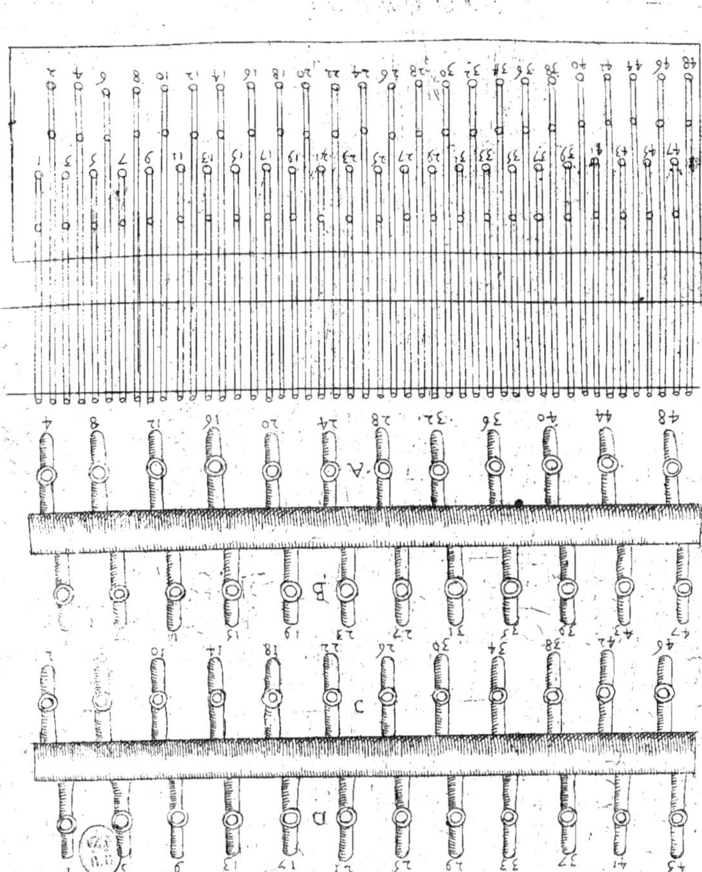
A
B
C
D

PROBLESME XXXIIII.

Comme il faut construire la conserue à vent pour les machines hidroliques.

LA conserue à vent pour faire jouër la precedente machine, se fera de grandeur conuenable, pour faire jouër ladite machine vn quart d'heure de suitte, si elle est, dix pieds en quarré, & huit de haut par dedans, se fera assez & dedans icelle à vn des costez de la muraille il y aura vn tuyau marqué A. fait comme il se peut voir par la figure d'enuiron vn pied en diamettre par dedans, & vn tuyau de plomb marqué B. par lequel l'eau entrera dedans ladite cisterne, & le bout d'iceluy entrera enuiron vn pied dans le grand tuyau A. en sorte que l'eau dessendante par ledit tuyau B. puisse emplir le grand tuyau A. lequel se maintiendra tousiours plain, & l'eau entrant dedans regorgera par dessus, & descendra au long des costez, & la raison pourquoy ledit tuyau B. entre ainsi dedans celuy A. est à celle fin qu'elle descende esgallement tant au commencement comme à la fin, car si ledit tuyau B. alloit iusques pres du fond de la conserue l'eau descendroit beaucoup plus viste au commencement qu'a la fin, ce qui à esté demonstré au commencement de ce liure, & les conserues qui sont faites sans ce remede donnent beaucoup de vent au commencement & peu à la fin, & aussi il faut prendre garde que le tuyau B. ne soit eslongné au plus de 5. pieds de la superficie de celuy A. car s'il estoit trop long l'eau viendroit trop viste dedans, & aussi si la musique se reposoit trois ou quatre mesures sans sonner, quand elle commenceroit ce feroit auec trop grande violence à cause de la trop grande quantité d'eau qui entreroit dans ladite conserue mais n'estant que cinq pieds de long, si ladite musique se repose, l'eau se reposera dessus, & n'entreia qu'à mesure que le vent en sort doucement, le tuyau C. est celuy qui porte le vent aux tuyaux & faut qu'il soit de trois pones en diamettre par dedans & celuy B. sera autant mais s'il y a des tuyaux d'orgues de plus de 3. pieds long, il seras plus gros, il y aura vn robinet à l'vn des costez de ladite conserue marqué D. lequel on tiendra tousiours vn peu ouuert, à celle fin que quand la cisterne sera plaine, l'eau s'en puisse vuider peu à peu, les murailles de ladite conserue seront faites de petites brcques recuittes à lextremité, & cimenter auec de la tirasse de Hollande meslee auec chaux visue, ou auec bon ciment de tuilles puluerisees meslees auec chaux, car ces deux matieres estans bien trauaillez sont capables de resister à l'eau.

PRO.

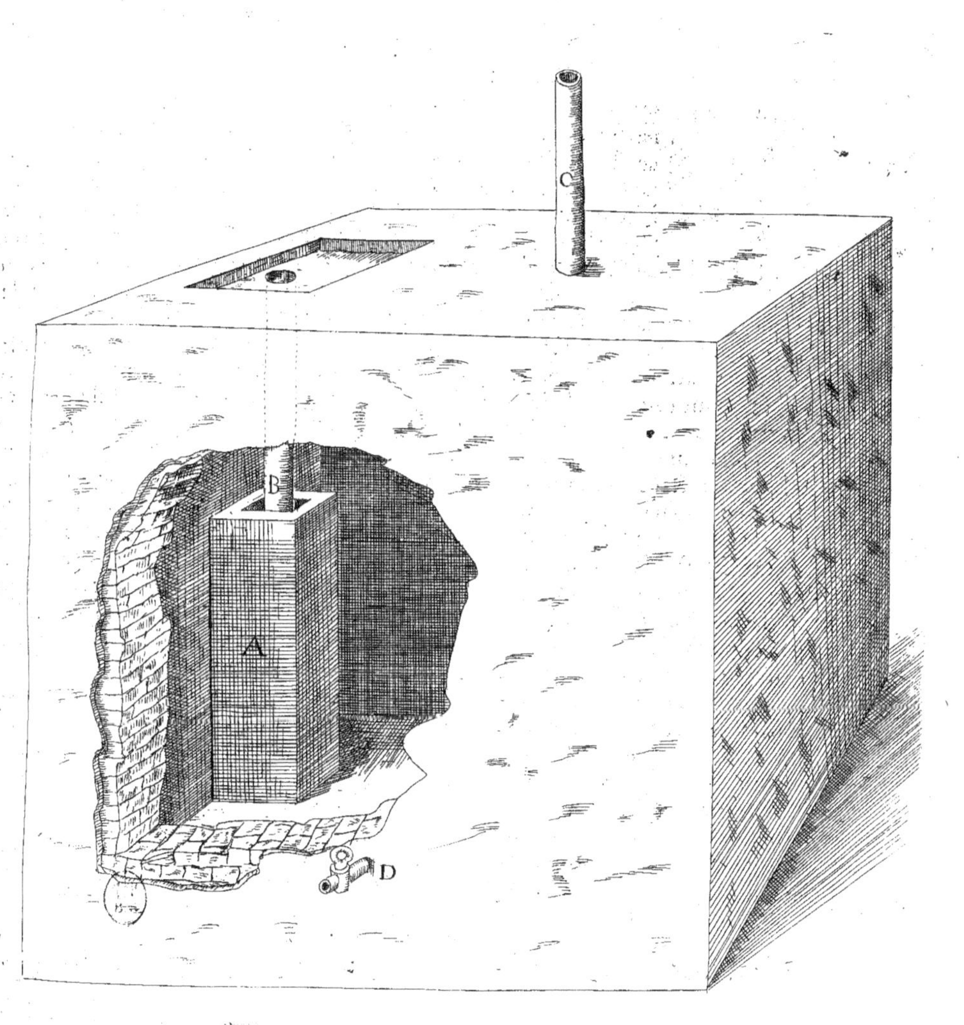
C
B
A
D

PROBLESME XXXV.

Pour faire vne machine admirable, laquelle estant posee au pied d'vne figure, iettera vn
son au leuer du Soleil, où quand le Soleil donnera dessus en sorte qu'il
semblera que ladite figure face ledit son.

ORNEILLE Tacite, fait mention en son histoire, qu'il y à eu en E-
gypte, vne statue de mennon, laquelle quand le Soleil luisoit dessus
iettoit vn certain son, Pausanias dit auoir veu ladite figure, & que
ce son estoit semblable, à celuy des cordes d'vne harpe, quand elles se rompent. Or suiuant les trois machines precedentes traitees
à lonzieme, douzieme, & trezieme problesme, & par le mesme moyen du Soleil, se fera la suiuante inuention d'vne figure qui iettera
vn son semblable au son d'vn tambour, & pour demonstrer plus facillement, comme ladite inuention se peut faire, ie demonstreray la construction de la machine, laquelle se pourra puis apres adapter dans le corps de la figure, ou bien dans le pied
destal surquoy elle est posee, soit doncques deux vaisseaus de cuiure joints ensemble,
l'vn sera de quatre pieds de long, vn pied de haut, & vn de l'arge, l'autre sera vn pied
cube, & seront tous deux bien clos, & soudés de tous costés, au grand il y aura vn
tuyau marqué A. auec vne soupape comme aux precedentes ledit tuyau seruira
pour aspirer l'eau d'embas, & la rendre dans le vaisseau auquel il y aura aussi vn es-
vent, marqué F. & sera bon de le souder ferme, quand ledit vaisseau sera à moitié
plain, & faut qu'il y aye vne fontaine naturelle dessoubs ledit vaisseau, en sorte que
le bout du tuyau soudé à la soupape A. puisse tremper dedans l'eau de ladite fontaine, apres faut souder vn sifon marqué D. en sorte que les deux bouts entrent dans
les deux vaisseaux, & qu'ils aprochent bien pres des fonds desdits vaisseaux, & au petit vaisseau il y aura deux tuyaux d'orgues posees dessus ledit vaisseau, ou bien l'on
pourra conduire le son ou c'est que l'on voudra auec des porteuents, & faut que lesdits tuyaux soyent, (sauoir le plus grand) de deux pieds de long bouché, & l'autre
deux pouces plus court. Or le Soleil donnant contre lesdits vaisseaux, fera monter
l'eau par le sifon, comme a esté monstré à l'onziesme problesme, & entrera dans le
vaisseau cubique, en sorte que l'air qui est dedans, sera contraint de sortir, & fera sonner les tuyaux, lesquels sonneront vn son tremblant comme le bruit d'vn tambour,
par la mesme raison de l'onziesme problesme, ledit vaisseau se remplira d'eau la nuit
venant, à cause de la frescheur de l'air, & quand ledit vaisseau cubique sera plain d'eau,
le son cessera, & l'eau sortira, apres peu à peu par vn petit trou qui sera au fond dudit vaisseau marqué C, or si la violence d'vn desdits vaisseaux n'est capable assez
pour faire sortir l'air pour faire sonner lesdits tuyaux, l'on pourra augmenter ladite
force, auec deux ou trois ou d'avantage de vaisseaux, il se peut encores faire inuentions tresadmirables auec ladite machine, lesquelles ie garde iusques à autre subiet.

PRO.

B
A
C

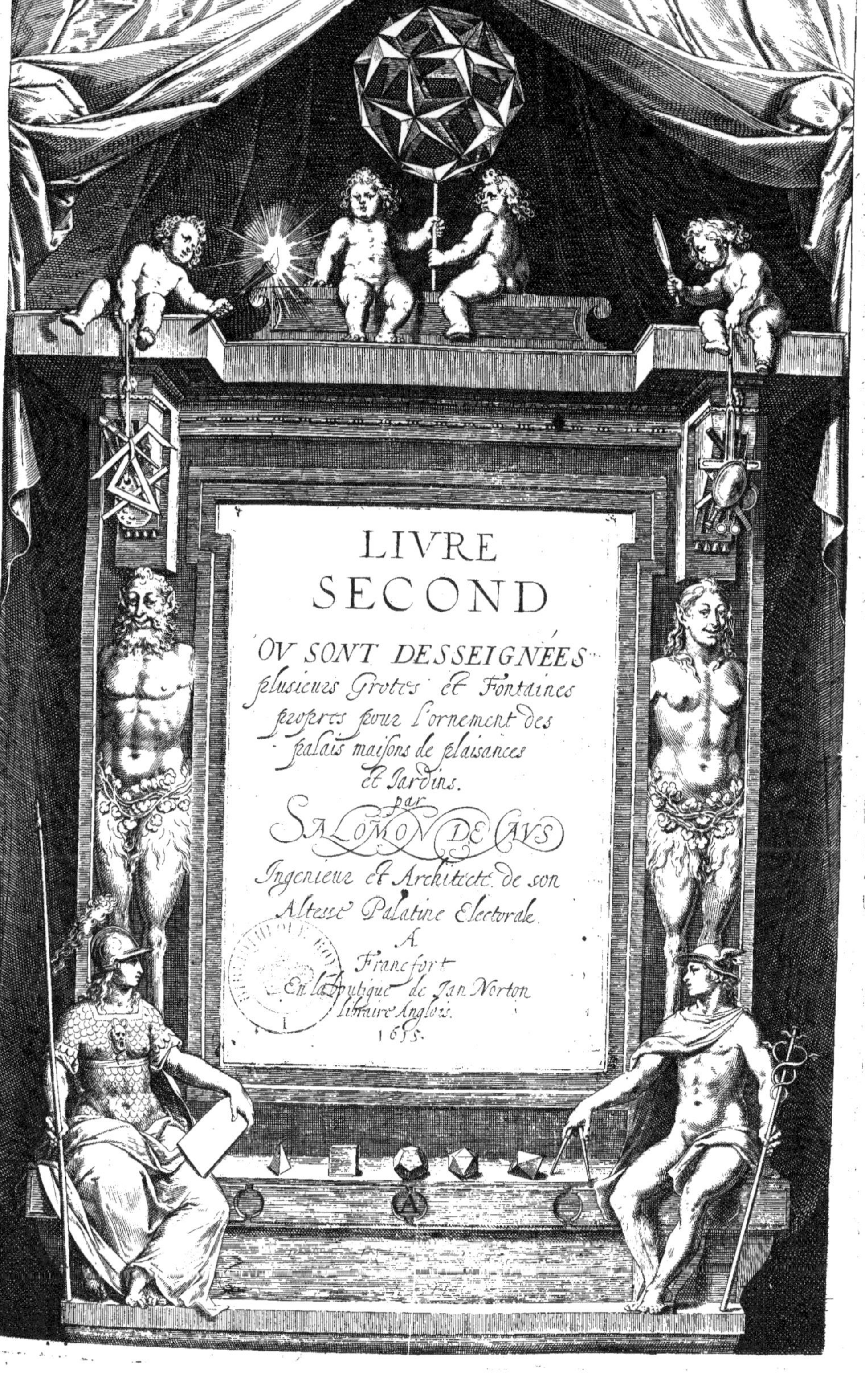

LIVRE
SECOND
OV SONT DESSEIGNÉES
plusieurs Grotes et Fontaines
propres pour l'ornement des
palais maisons de plaisances
et Jardins.
par
SALOMON DE CAVS
Ingenieur et Architecte de son
Altesse Palatine Electorale.
A
Francfort
En la boutique de Jan Norton
libraire Anglois.
1615.

VERTVEVSE PRINCESSE

ELIZABETH,

PRINCESSE DE LA GRANDE BRETAIGNE, ELECTRICE PALATINE, &c.

IL n'est pas en moy Vertueuse Princesse, de vous presenter choses dignes de vos merites. Mais sçachant l'amour qu'auez porté, & continuez de porter à l'heureuse memoire, du Noble & gentil Prince de Galles, i'ay representé icy quelques desseings, que j'ay autrefois faits, estant à son service, aucuns pour servir d'Ornement en sa maison de Richemont, & les autres pour satisfaire a sa gentille curiosité, qui desiroit tousiours voir & cognoistre quelque chose de nouueau. Et tant asseuré que Vostre Altesse prendra de bonne part, ce qui vient de l'ordonnance de genereux Prince, j'ay pensé que lesdits desseings ne pouuoyent estre donnez en meilleure main, il plaira doncques à Vostre Altesse les accepter, non pour m'aquiter de l'obligation que ie luy doibs, car si petit subject, ne le pourroit pas faire, mais pour tesmoigner, que si j'avois chose qui meritast d'avantage, qu'il seroit aussi tost dedié a Vostre Al. que prie Dieu vouloir conserver, & luy continuer sa Saincte Benediction, De Heidelberg premier iour de Janvier 1615.

De Vostre ALTESSE

L'obeissant & humble

Serviteur S. de Caus.

PROBLESME I.

Desseing d'vne grote, ou il y aura vn Satire, lequel joüera du Flaiolet, & vne Nimphe
Escho, laquelle respondra aux cadences dudit Satire, & outre l'on pourra
mettre quelques autres figures, pour jetter de l'eau.

E present desseing de grote, se peut mettre dans vn Pavillon de Iardin, ou bien au bout d'vne galerie, ou l'on pourra manger à la frescheur, les deux figures marines donneront de l'eau, sçavoir l'homme par quelque poisson, ou coquille qu'il tiendra à la main, & la femme par ses mamelles, en oultre il y aura vne machine, comme a esté enseigné au vingtcinquiesme Problesme, derriere la figure du Satyre, laquelle representera le jeu d'vn Flaiollet, & à l'oposite dudit Satyre, il y aura vne Ninphe Escho, laquelle respondra à toutes les cadences que ledit Satire semblera sonner, & ce par le moyen de quelques portevents, lesquels seront conduits depuis la machine iusques ou sera ladite figure de Nimphe, & seront posez derriere icelle, & faudra prendre garde que les tuyaux qui represente ledit Escho, ne sonne si fort comme ceux du Flaiollet, car chascun sait que l'Escho ne respond iamais si fort, comme le son qui le cause, l'on pourra aussi faire descendre des eaux, au long des Roches, pour l'ornement de l'ouurage, & la table ronde, qui est au millieu du pavillon, servira pour manger dessus à la fraischeur, & aussi pour faire jetter plusieurs figures d'eau par l'artifice des tuyaux, qui se pourront mettre & aiuster sur vn autre tuyau de cuiure dans le trou de ladite table en sorte que c'est œuure estant bien construit & ordonné aportera vne grande delectation.

P R O.

PROBLESME II.

*Deſſeing d'vne grote ou il y a vne Balle laquelle ſe léve
auec la force de l'eau.*

EST autre deſſeing de grote ſe peut auſſi mettre dans vn pavillon,
ou au bout d'vne gallerie, & pour faire que l'eau eſleve bien la balle
ſi ladite eau procede d'vne conſerve, il faut que le fond de ladite
conſerve, ſoit pour le moins douze pieds plus haut que la ſuperficie
de la terre, & au plus vingtquatre pieds, le tuyau par ou ſort l'eau
ſera gros comme le petit doibt, allant vn peu en pointe, & le bout
par ou ſort l'eau, ſera tout au bas d'vn vaiſſeau, en forme d'vn en-
tonnoir, pour recevoir plus facilement ladite balle, quand elle tombe, & pour eſ-
vacuer l'eau qui tombe dans ledit vaiſſeau, il y aura des trous tout au bas d'iceluy,
l'on pourra orner la Roche, auec quelques animaux faits de coquilles naturelles ac-
commodees, & cimentees enſemble, leſquels ietteront de l'eau par des petits tuyaux,
qu'ils auront dans la bouche, en ſorte que leſdits jets, puiſſent donner quelque fois
contre la balle pour la faire tomber, & incontinent elle ſe releuera par le moyen de
l'eau, qui la repouſſe en haut, & ainſi ſautelant elle donnera du contentement à la
veüe, mais faut noter, que pour bien voir le briſement de l'eau, contre ladite balle, il
faut que la feneſtre ſoit oppoſee au midy a celle fin que le Soleil donnant, les rayons
& briſements de l'eau, contre ladite balle, ſe puiſſent mieux voir, & donner contentement à la veüe.

PRO.

PROBLESME III.

Deſſein de la fontaine du cupidon, ou il y aura vne tourterelle qui boira au-
tant d'eau, comme on luy donnera.

E preſent deſſein eſt encores propre pour mettre dans vn pauillon, à cauſe des iets d'eau qui ſortent du carquois, car ſi ledit deſſein eſtoit fait au milieu d'vn iardin ou autre place ou le vent donne, il gaſteroit la belle forme deſdits iets d'eau, l'on y pourra adioindre vne tourterelle, laquelle boira l'eau qu'on luy preſentera, comme a eſté enſeigné à l'onſieſme probleſme du premier liure, & l'orne-ment de ladite fontaine pourra eſtre fait de roches ruſtiques, auec quelques petits animaux meſlez entre leſdites roches.

PRO.

3.

PROBLESME IIII.

Desseing d'vne fontaine d'ordre Rustique.

ESTE Fontaine est propre pour mettre au millieu d'vn Iardin, il si pourra aussi mettre vne balle de cuiure que leau esleuera en haut, ce qui donnera grand plaisir a la veüe, ladite fontaine pourra estre fabriquee, partie de pierres Rustiques, comme le desseing le demonstre, ce qui sera de peu de coust si ainsi est que la commodité desdites pierres se trouue sur le lieu, & a faute desdites pierres naturelles on les pourra tailler artificiellement.

PRO.

PROBLESME V.

Autre deſſeing de fontaine pour repreſenter vn Fleuue,
où R iuiere, par vne figure.

LEs Anciens Egiptiens grecs & romains, auoient accouſtumé de
repreſenter leurs Fleuues, par quelque figures d'hommes, o u de
femmes, ce qui ſe peut encores voir, par pluſieurs antiques à Rome, ce preſent deſſeing repreſente auſſi vn Fleuue, & eſt propre
pour vn iardin, où au millieu d'vne, court pourueu que ladite fontaine ne ſoit trop expoſee au vent, car generallement toutes fontaines qui iettent l'eau en haut, comme le preſent deſſeing, ont ceſte
incommodité que l'eau eſt ſubiecte à eſtre eſpandue par le vent, d'vn coſté & d'autre, & faudra auſſi que le baſſin qui contient l'eau à l'entour de la figure, ſoit au
moins de 20. pieds en quarré où en diamettre s'il eſt rond.

PRO.

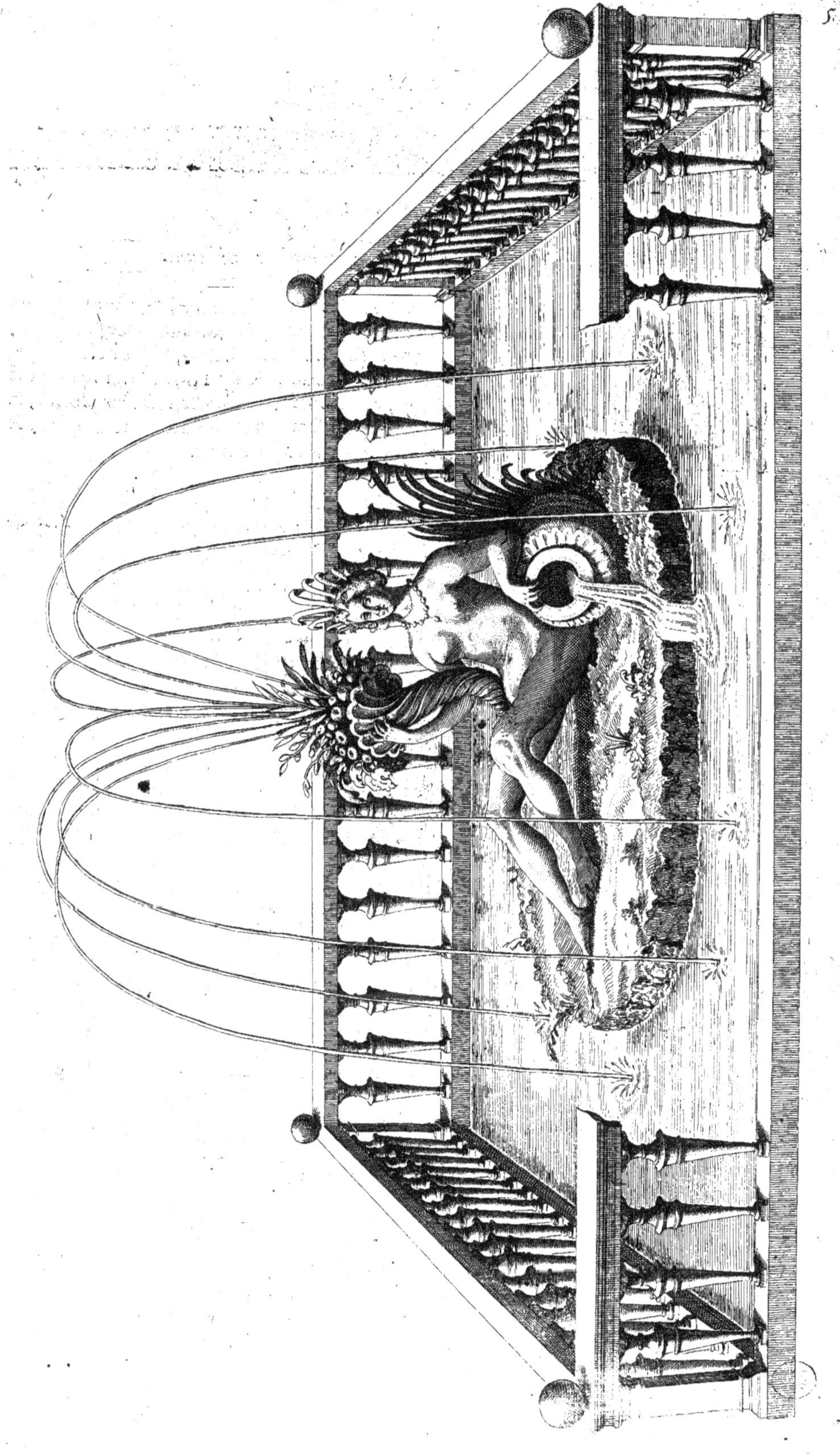

PROBLESME VI.

Autre desseing de fontaine, pour vne place publicque.

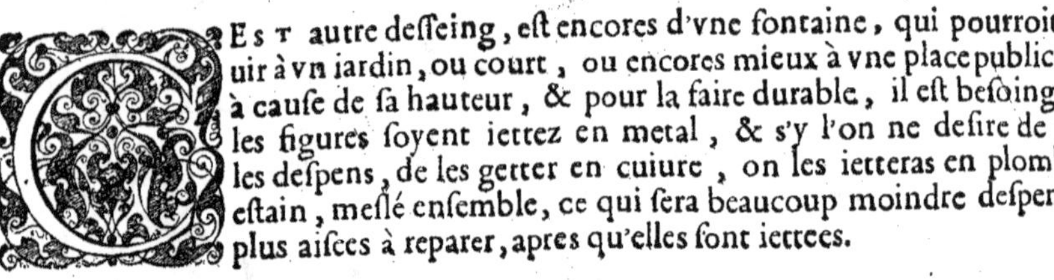

EST autre desseing, est encores d'vne fontaine, qui pourroit seruir à vn iardin, ou court, ou encores mieux à vne place publicque, à cause de sa hauteur, & pour la faire durable, il est besoing que les figures soyent iettez en metal, & s'y l'on ne desire de faire les despens, de les getter en cuiure, on les ietteras en plomb, & estain, meslé ensemble, ce qui sera beaucoup moindre despens, & plus aisees à reparer, apres qu'elles sont iettees.

PRO.

PROBLESME VII.

*Deſſeing d'vne voliere a oiſeaus auec quelques grotes
dedans jcelle.*

Es grotes & ouurages ruſtiques viennent encores fort à propos
dans vne voliere à oiſeaus ce deſſeing icy eſt d'vne de 80. pieds de
long par dehors & vingtdeux de large par dedans l'ingnografie &
l'ortografie ſont deſſeignez icy deſſoubs , & à celle fin de mieux
comprendre l'ordonnance de ladite voliere i'en ay fait vn deſſeing
d'vne partie en plus grand volume par ou ſe peut comprendre le
reſte , à lopoſite de larc du millieu ſe pourra faire vne grote dans
ladite voliere, ou les oiſeaux prendront du plaiſir a faire leur nids alentour & eſleuer
leurs petits, & à lopoſite des autres arcades lon pourra y faire quelque petits bocages
deſpines blanche & autre abriſſeaus, la couuerture ſera faite auec pluſieurs ouuertures de 7. ou 8. pieds en quarré chacun , acommodées auec du fil de laton en ſorte que
les oiſeaux ne puiſſent paſſer à trauers & leſdites ouuertures ſeruiront pour laiſſer
tomber la pluye dedans ladite voliere laquelle eſt fort neceſſaire pour la conſeruation
des oiſeaux & auſſi pour arrouſer les abriſſeaux qui ſeront plantez en ladite voliere.

PRO-

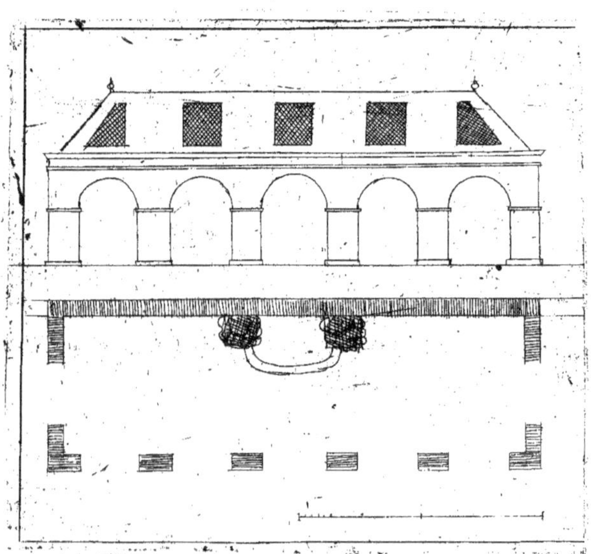

PRO-

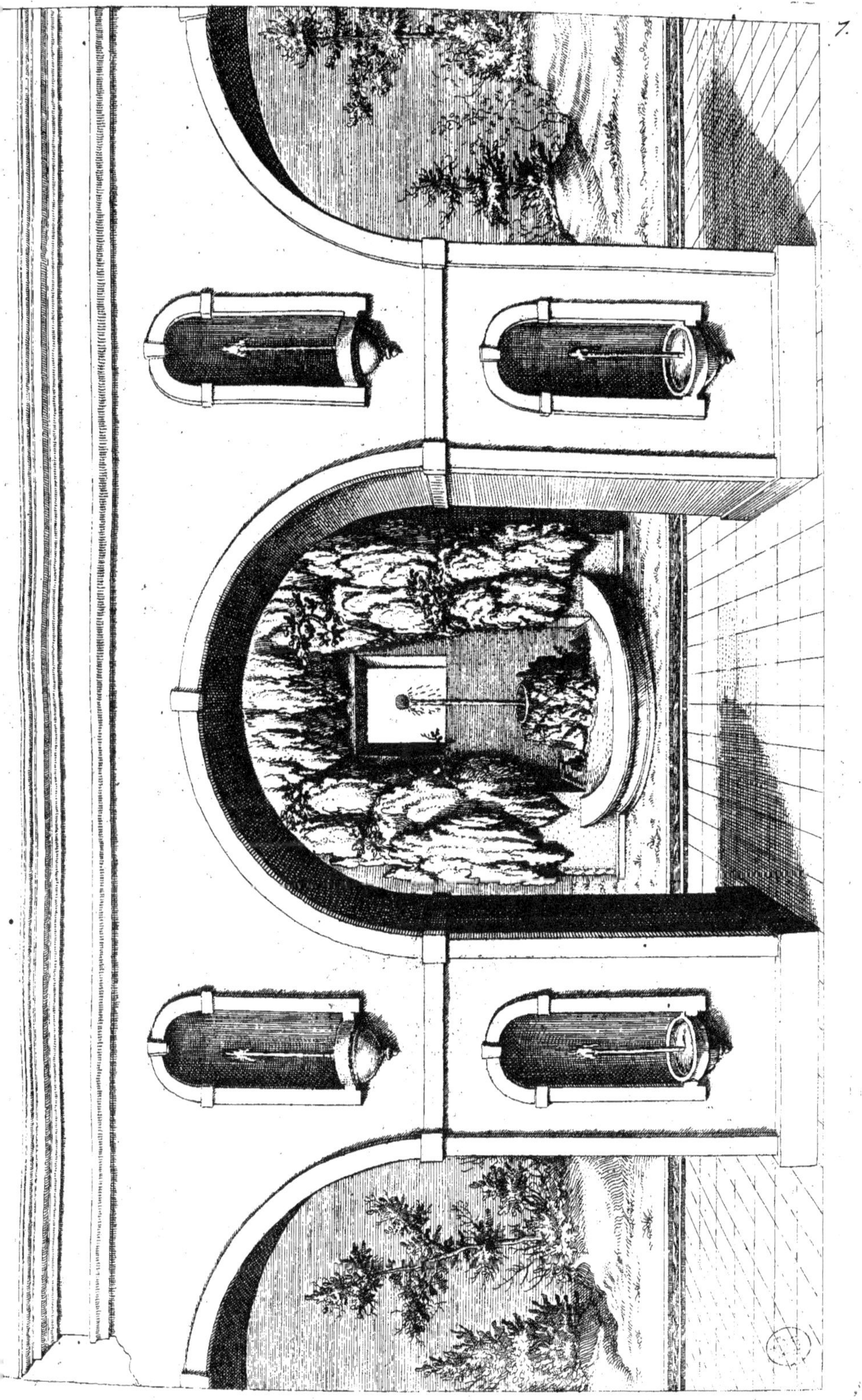

PROBLESME VIII.

Autre deſſeing d'vne autre volliere à oiſeaux plus grande, accompagnee
d'vn pauillon au millieu.

IE repreſenteray premierement les plans, tant de l'ingnografie comme de l'ortografie de ladite volliere l'aquelle aura 84. pieds en quarré par dehors & au millieu ſera vn pauillon de 30 pieds en quarré par dedans, toutes les murailles tant dudit pauillon comme celles de dehors auront deux pieds & demy en groſſeur, ſi l'on veut bien conſerver les oiſeaux contre la froidure de l'hyuer, l'on y pourra mettre deux fourneaux marquees A.B. dont les cheminees pourront eſtre dedans les murailles, & l'hyuer venant l'on pourra fermer toutes les feneſtres & ouuertures compriſes en leſpace C. D. E. F. G. H. en ſorte que ceſte place ſoit capable de retenir quantité d'oiſeaux, & auſſi l'on y pourra mettre quelques abriſſeaux tranſportables qui ne peuuent auſſi endurer froidure comme Orangers, Citronniers, Figuiers, & autres tels abriſſeaux deſquels l'on peut orner vn Iardin en Eſté, & en Hiuer l'on en pourra orner ladite volliere, & faut faire en ſorte que les feneſtres du toit ſe puiſſent ouurir quelquefois en Hiuer, à celle fin de donner air, & que la pluye puiſſent tomber ſur leſdits abriſſeaux & oiſeaux, & au millieu du pauillon, il y aura vne table pour manger à la fraiſcheur en Eſté, & s'y l'on s'en veut auſſi ſeruir en Hiuer, l'on pourra clorre toutes les ouuertures dudit pauillon reſeruant ſeulement celles qui regardent les fourneaux, tellement que par ce moyen, ledit pauillon pourra auſſi eſtre eſchauffé, deſdits fourneaux, & s'y l'on veut faire les deſpens, d'orner ladite volliere auec quelques roches naturelles, meſmement quelques artifices d'oiſeaux, qui chanteront par le moyen de l'eau, comme à eſté enſeigné aux diſieſme probleſme du premier Liure.

PRO

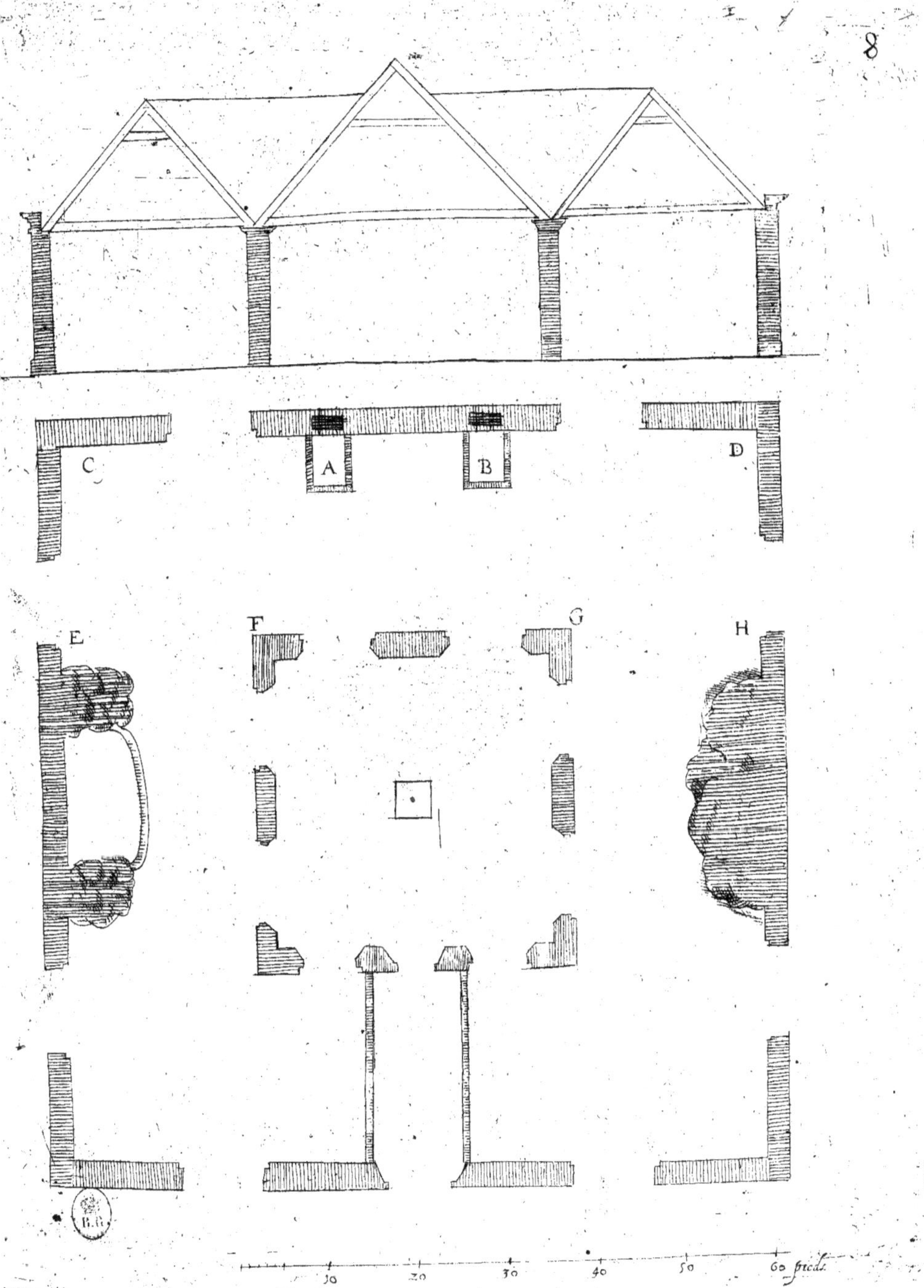

8
C
A
B
D
E
F
G
H
10
20
30
40
50
60 pieds.

PROBLESME IX.

Plan prespectif du precedent desseing.

Par ce plan perspectif l'on peut comprendre facillement l'ordonnance du precedent desseing , parmi les roches ou pierres rustiques l'on fera plusieurs trous grands & capables pour les oiseaux, à faire leurs nids dedans, & aussi l'on plantera forces abrisseaux despines blanches, tant aux enuirons desdites roches comme des murailles, lesquels seruiront aussi pour c'est effect, la couuerture est en partie representee, auec les ouuertures de treilles de fil de fer ou de laton & le reste n'a esté representé à cause que le dedans dudit desseing n'eust sçeu estre veu.

PRC-

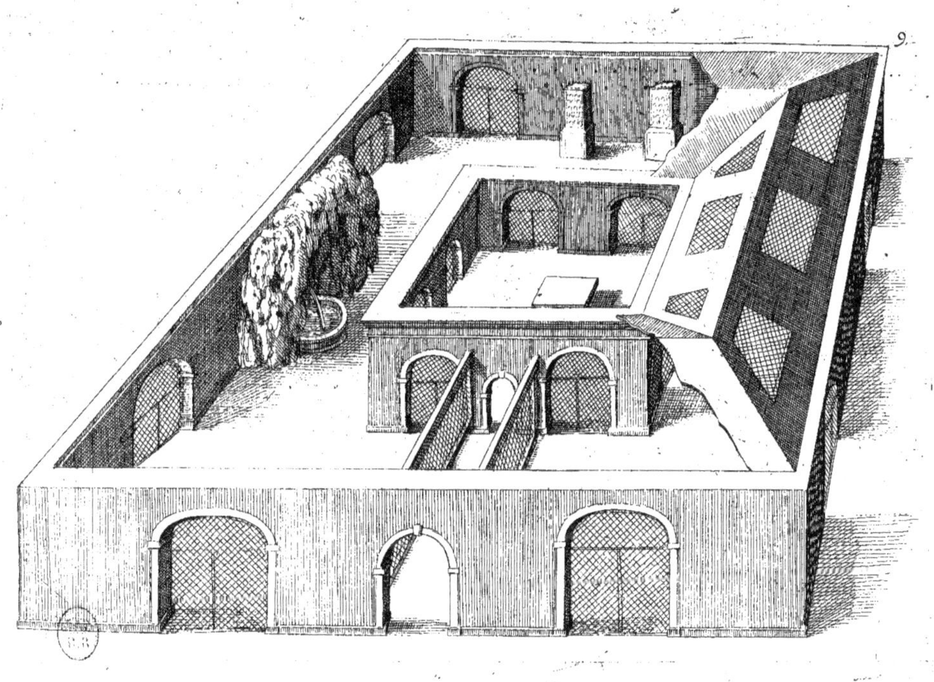
9.

PROBLESME X.

*Desseing d'vne montagne au millieu d'vn Iardin auec
quelques grotes dedans.*

I L y à plusieurs beaux & excellents iardins situez en planure, de sorte qu'il n'y à moyen d'en voir la forme, ny les parterres contenues en iceux, & me semble que l'aspect le plus beau d'vn iardin est d'estre veu d'enhaut, c'est pourquoy ie suis d'aduis que pour aider à ce defaut quand lesdits iardins ne sont point veus de haut, de faire quelque ouurage haut esleué & plaisant, pour estant au haut d'iceluy auoir mieux l'aspect des parterres, i'ay fait icy vn desseing fort propre pour vn tel iardin, c'est vne montagne quarree de 84. pieds de chacun costé & esleuee de 55. pieds iusques en haut le plan de ladite montagne icy bas d'esseignés en petite forme, & le plan perspectif va suiuant, ladite montagne sera faite de masonnerie de pierre tout à l'entour, en sorte qu'il y aye force trous & concauitez par dehors pour mettre de la terre pour planter des arbrisseaux tout à l'entour, il y aura vn chemin pour monter au haut, tournant à l'entour d'icelle comme il se peut voir par le plan, le dedans sera voulté & y pourra l'on faire quelques grotes qui receuront lumiere par deux fenestres au dessus de la porte, comme il se peut voir au desseing & tout au sommet de ladite montagne s'y l'on veut, l'on y mettras vne figure laqu'elle sonnera vn son au leuer du Soleil, comme à esté enseigné au pernier problesme du premier liure.

PRO-

10.

PROBLESME XI.

*Desseing d'vne haute terrasse accompagnee de quelques grottes
pour mettre dans vn Iardin.*

MAIS si le iardin est disposé en sorte qu'il ne vint à propos pour faire vne terrasse où montagne au millieu, allors l'on pourra faire vne terrasse suiuant le present desseing, & y aura deux chemins sçauoir vn de chacun costé pour monter en haut & sur les murailles desdits chemins lesquels seront à hauteur d'apuy l'on y pourra mettre de toutes les sortes d'abrisseaux transportables, comme Orangiers, Citronniers, & autres semblables, les deux voultes au dessoubs de ladite terrasse pourront seruir pour mettre lesdits abrisseaux en Hiuer, & au haut de ladite terrasse l'on y pourra faire quelques grottes ornez de roches & artifices d'eaux, & au haut desdites grottes l'on y pourra mettre vne conserue pour tenir l'eau, pour faire iouer les artifices desdites grottes.

PRO.

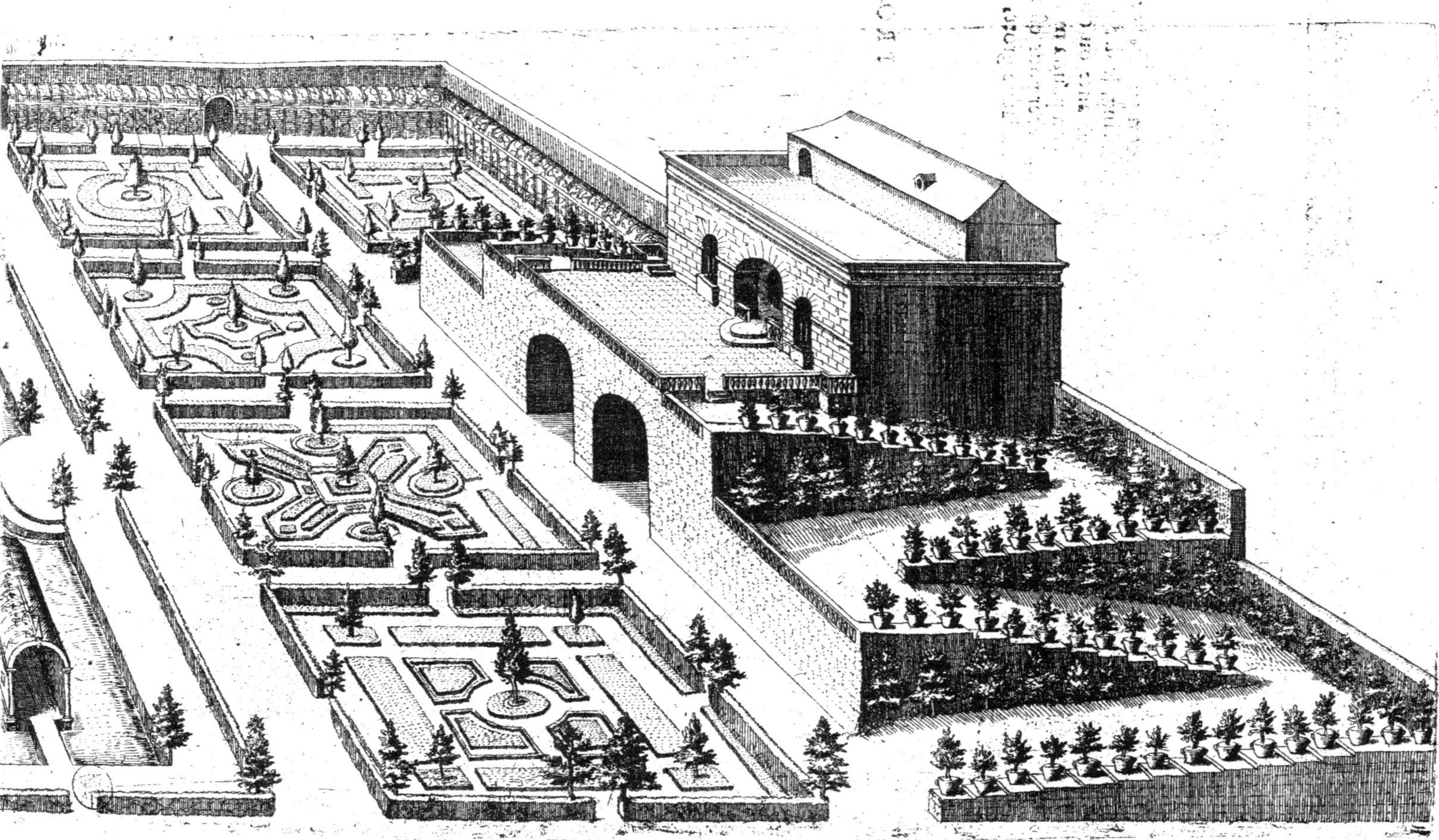

PROBLESME XXII.

Desseing du frontispice de la grote situee sur la terrasse du precedent desseing.

I'A y mis icy vn desseing en plus grand volume pour comprendre l'ordonnance du dehors de la grotte du precedent desseing, le dedans pourra estre de douze ou quinze pieds de large, quarante ou cinquante de long, en forme de galerie, ou mesme l'on pourra mettre des arbrisseaux d'orangers & Citronniers en hyver pour estre gardez de la froidure, & aussi seruira d'ornement à ladite grote.

PRO.

Liure second,

PROBLESME XIII.

Deſſeing d'vn Mont Parnaſſe, ou l'on pourra faire quelques grotes dedans.

E Mont Parnaſſe eſt fort à propos pour orner vn Iardin Royal, ou il y auroit abondançe d'eau, & dedans ledit Mont, l'on pourroit faire quelques grotes artificielles, la grandeur d'iceluy ſe ſera au moins de octante pieds par dehors en diametre ſi l'on fait quelques grote dedans, ſinon il ſe pourra faire auſſi petit que l'on voudra & ſera bon qu'il y aye de l'eau, à l'enviton de viron 12. pieds de large.

PRO.

PROBLESME XIIII.

Deſſeing d'vne figure grande repreſentante le Mont Tmolus.

ASSANT à Pratolin cinq milles pres de Florence, entre autres ouurages de grotes dont ladite maiſon eſt richement ornee, ie vis vne
figure d'vn grand Ciclope dans le corps, duquel ſont quelques
grotes fort artificiellement faites, & ſuyuant l'invention de ladite
figure, i'en repreſenteray icy deux autres, aſſez à propos, auſſi pour
faire quelques grotes dedans la grandeur de ceſte icy, ſera au moins
de ſoixante ou octante pieds, ſi elle eſtoit debout, & dedans la ter-
raſſe, ſurquoy elle eſt aſſiſe, l'on pourra faire quelques grotes, pour repreſenter quelque ſubiet à propos pour ladite figure, à laquelle l'on pourra donner le nom de mont
Tmollus, pour ſuiure la Fable recitee d'Ovide, du jugement que ledit Tmollus fit,
entre Apollon & Midas, & faire les grotes de dedans, accordantes à ce ſubiet, comme
ſera recité au Probleſme ſuiuant.

PRO-

PROBLESME XV.

Deſſeing de la grote de Tmollus.

Vide fait recit que Midas oyant le ſon du flaiolet du Satire Pan vouloit ſouſtenir qu'iceluy eſtoit plus harmonieux que la Lire d'Apollon, dont ledit apollon ſe ſentant indigné, voulut faire iuge de ce diferent le mont Tmollus, & vint comparoiſtre deuant luy comme auſſi fit Pan, leſquels apres auoir ioué l'vn & l'autre, le pris fut donné à Apollon, & voulant encores Midas ſouſtenir, par punition luy vindrent des oreilles d'Aſne, ceſte fable peut eſtre fort bien repreſentee, en la grote qui pourroit eſtre dedans ledit mont Tmollus, i'en ay mis icy vn deſſeing à propos pour ceſt effect, & quand aux machines pour repreſenter la muſique de la Lire, elle ſe fera auec deux regiſtres de tuyaus d'orgues ſçauoir l'vn d'vn trois pieds bouche, & l'autre ſon octaue ouuert, comme ſera enſeigné au troiſieſme liure, & la meſme rouë muſiqualle qui fait iouër ladite Lire, ſera auſſi iouër ledit flaiollet, apliquant de longs porteuents, depuis le ſommier iuſques derriere le Satyre, où ſeront les pipes pour repreſenter ledit flaiolet, le mouuement des figures ſe pourra faire facillement par le moyen de la rouë muſiqualle, & faut, que quand le Satire ceſſe à iouer & qu'il abaiſſe ſon flaiollet, que l'Apollon commence auſſi toſt à iouer de ſa Lire, hauſſant & baiſſant l'archet de la lire, ſuiuant les meſures de la muſique qui ſe jouera.

PRO.

PROBLESME XVI.

Autre desseing d'vne grande figure rustique pour representer vn Fleuue,
& dedans le corps d'icelle se pourra faire
quelques grotes.

CEST autre grande figure se pourra faire de pierres rustiques propre pour representer quelque Fleuue, laquelle sera fort propre pour faire quelques grotes dedans, & si lon a grande quantité d'eau il sera bon de la faire passer dans vne grande cruche, que ladite figure tiendra entre ses bras.

PRO-

PROBLESME XVII.

Desseing d'vne grote d'Orfee qui se pourra faire dans la figure precedente.

ESTE fable d'Orfee, vient encores fort à propos, pour vne grote, laquelle se pourra faire dans la grande figure precedente, & le mouuement de la musique, se fera derriere la figure, en sorte qu'il semble, que se soit elle qui iöue, & le mouuement du bras se pourra faire par vne maniuelle, qui sera à vne des roües dentelees qui pourra tirer, & lascher vn fil de cuiure attaché audit bras, la mesure & ordre des tuyaux d'Orgues, pour representer ladite Lire sera enseigné au troisiesme Liure.

PRO.

PROBLESME XVIII.

Deſſeing d'vne Nimphe qui ioue des Orgues, à laquelle vn Eſcho
reſpond.

MAıs ſi l'on deſire faire une grote accomplie d'vn grand concert de diverſité de regiſtres d'orgues, joüant par le moyen de l'eau, l'on pourra repreſenter comme ſi une Nimphe joüoit deſſus un clavier faus, & aux cadences qui ſeront faites en la muſique, l'on pourra faire qu'il y aura une autre Nimphe eſlongnee dans un creux de Rocher d'ou viendra une relation deſdites cadences, ce qui pourra eſtre fait par des portevents depuis le ſommier, où ſont les tuyaux de ladite Nimphe iuſques au lieu d'ou l'on voudra faire venir ledit Eſcho, & pour ceſt effect il faut auoir huit où dix touches en particulier ſur le clavier, pour faire ſonner ledit Eſcho à propos quand beſoing ſera, & faut auſſi prendre guarde que les tuyaux qui ſerventaudit Eſcho ne ſonnent ſi haut que les autres, à celle fin d'imiter mieux la nature, ce qui ſera aiſé à faire, faiſant la bouche deſdits tuyaux un peu plus eſtroite, & leur donnant moins de vent.

PRO-

PROBLESME XIX.

*Desseing d'une Fontaine, propre pour mettre en
vn Iardin.*

CESTE fontaine, viendra fort à propos, pour mettre dans vn Iardin, où il y auroit quantité d'eau, & l'eau, qui tombe en forme
de cascade, au long de la Roche d'enhaut, donnera plaisir à la
veuë, laquelle descendra par vn des Pilastres, pour remonter &
sortir en la Roche d'en bas.

PRO.

19

PROBLESME XX.

Pour la conduite des eaux de Fontaines.

VANT que mettre fin à ce second liure de deſſeings de grotes & fontaines, i'ay trouué bon de faire ce petit diſcours, pour la conduite
des eaux des fontaines. Premierement faut entendre que les four-
ces ſont de diuerſes ſituations, aucunes en lieux bas & mareſcageux,
autres en lieux hauts & pierreux, celles qui ſont en lieu bas & mareſcageux, ſe pourront conduire par tuyaux de bois dont le meilleur
eſt celuy de Cheſne, & apres celuy D'aune, & par faute de ces deux,
le bois de Sapin pourra ſeruir, mais ſi la ſource eſt haute en lieu pierreux, & dont le
chemin, de la conduite ſoit touſiours deſcendant, vers le lieu ou l'on la deſire mener,
les tuyaux de terre recuite, pourront ſeruir, pourueu qu'ils ſoient bien joints enſemble,
& que la trenchee, ou ſeront poſés leſdits tuyaux ſoit bien ferme, & de terre ſolide, autrement les tuyaux de bois ſeront encores meilleurs, & auſſi faut prendre garde que la conduite faite, auec tuyaux de pierre cuite, ne remonte point en haut apres quelle à deſcendu,
car leſdits tuyaux ne peuuent ſoufrir la force que l'eau fait, quand en deſcendant de quelque lieu haut (encores que ce ne fut que ſix pieds, perpendiculaire) l'on la contraint de remonter, & pour ceſt effect les tuyaux de plomb ſont propres, leſquels peuuent endurer de
grands efforts, quand ils ſont bien faits, quand au niuellement deſdites ſources, s'il y a
grande quantité, l'on pourra donner ſur cent pieds, vn pied pour le moins, & ſi l'on donne beaucoup d'avantage, il ne ſera que meilleur, & auſſi les conduits n'auront que faire
d'eſtre ſi grands, car l'eau paſſe bien plus iuſte, ayant beaucoup de pante, que n'en a-
yant gueres, mais ſi le lieu de la ſource eſtoit fort bas, comme il arriue ſouuant, &
que donnant vn pied de pante ſur cent, l'eau ne pourroit arriuer au lieu deſiré, alors
l'on fera les tuyaux de la conduite fort grands, & demi pied ſur cent, pourra ſeruir pour
la pante, il ſera auſſi fort neceſſaire quand la ſource vient de loing, de faire des receptacles à cinq cent pas, ou à mille pas au plus, l'vn de l'autre, leſquels ſeruiront pour
donner aïr auſdits conduits, & auſſi s'il y auoit quelque defaut à la conduite, il ſe pourroit plus aiſement trouuer la faute & la reparer, il arriue auſſi quelquefois que l'eau
ne peut auoir ſon cours, faute des vents, ce qui fait penſer à pluſieurs, que le conduit
eſt bouché, mais ceſt accident arriue, faute de n'auoir mis leſdits receptacles, en lieux
convenables, & d'avoir mal aſſis les tuyaux de la conduite, ce que ie demonſtreray icy,
par vn exemple, ſoit la ſource marquee A. & le conduit B. C. D. F. allant vn
peu en pante, au lieu B. C. & deſcendant fort en D. puis remontant vn peu en
E. mais non ſi haut que C. & en pluſieurs endroits, l'on eſt contraint de faire la
conduite de ceſte façon, à cauſe des boſſes, & fondrieres, que l'on trouue ſur le chemin
de la conduite, & ainſi s'il y a quelque choſe à reparer, à la dicte conduite, & que l'on
deſire vuider l'eau des tuyaux, elle ne pourra ſortir de la fondriere D. pour eſtre plus
bas que E. tellement que l'eau reſtante, quand l'on viendra pour remplir le conduit
de l'eau de la ſource, ladite eau ne pourra paſſer outre, à cauſe de l'air qui eſt entre B.
& C. tellement que le conduit demeurera ainſi, ſans auoir ſon cours, & pour remedier à cecy, il faudra faire vn eſvent ou receptacle au lieu C. à celle fin que l'air
ſorte du conduit, & que l'eau ſe mette en ſa place, & alors l'eau aura ſon cours, comme elle doibt, il ſera bon auſſi de faire des eſvents au bas des fondrieres, pour nettoyer
les tuyaux, quand il ſera beſoing.

PRO-

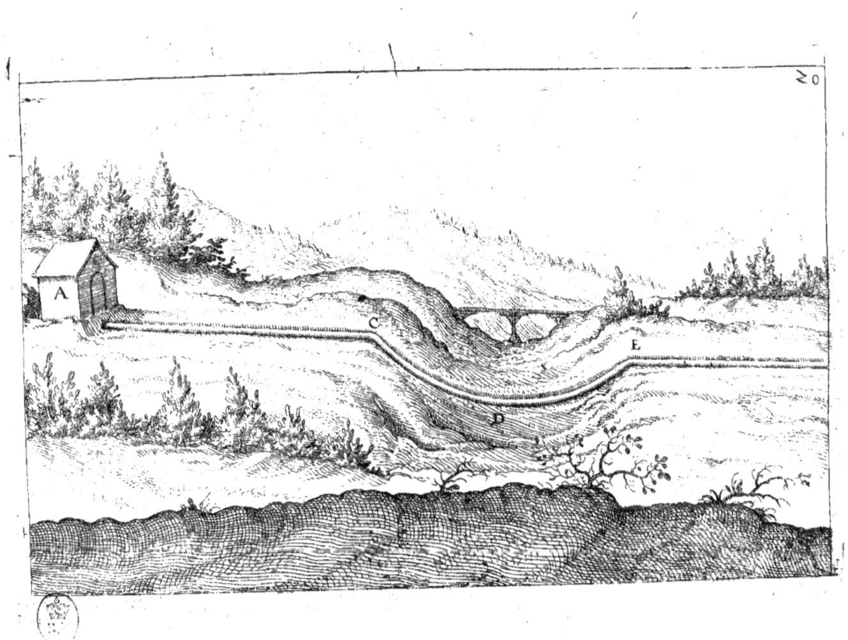
A
C
D
E

20

LIURE
TROISIESME TRAI-
TANT DE LA FABRIQVE
DES ORGVES.

PAR

SALOMON DE CAVS JNGENIEVR ET
Architecte de son Altesse Palatine Electoralle.

A Francfort en la boutique de Iean Norton 1 6 1 5.

DE L'INVENTION DES
MACHINES HIDROLIQVES,
ET ORGVES, ET DE L'ACROISEMENT
QVI Y A ESTE' FAIT DEPVIS.

VAND à l'inuention de l'inftrument muſical vulgairement apelé orgue il eſt fort difficille d'en trouuer l'inuenteur, premierement à cauſe que ledit inftrument n'a aucun particulier nom, comme à vn Lut, vn Cithre, vne Guiterne, ou autres tels inftruments, car ce mot organo, eſt grec qui ſignifie inftrument, qui eſt vn nom general, pour toutes choſes que ce ſoit par le moyen de laquelle, aucune autre choſe eſt faite, comme vn marteau, vne ſie, vn couteau, & autres choſes ſemblables, ſont organes auec leſquels vn ouurage eſt mis en perfection, auſſi ſont toutes ſortes d'inftruments muſicaus dits organes, & l'œuure qui doibt eſtre faiƈt par iceux eſt la muſique, & ainſi ſi quelque ancien autheur parle de l'inuention des orgues, s'il ne ſpecifie la façon dudit inftrument, l'on ne pourra pas iuger que ce ſoit celuy duquel nous vſons à preſent, ſecondement à cauſe que l'inuention d'aucune choſe que ce ſoit (& ſpecialement d'vn art difficile & qui deſpend de pluſieurs autres) commence auec vne ſi grande ſimplicité qu'on n'en remarque pas l'Autheur, & quelque fois pluſieurs années voire par centaines ſe paſſeront auant qu'on aye ataint la perfection d'vn art commencé, quand aux autheurs qui ont parlé deſdites orgues, le plus ancien qui nous eſt cogneu eſt Herone Alexandrin lequel au 75. & 76. probleſme de ſon liure de ſpiritalibus monftre à l'vn la fabrique d'vne machine hidraulique, & à l'autre la fabrique d'vne organe, dont les pipes ſonnent auec le vent, apres luy, Vitrune fait vne deſcription d'vne machine hidraulique. Or que ces Orgues & machines hidrauliques fuſent telles que les noſtres de maintenant il ſemble y auoir grande difference, veu qu'en la deſcription des antiques il n'eſt parlé d'aucune rouë muſiqualle, par laquelle ſe pourroit ſonner vne chanſon à pluſieurs parties, ny de beaucoup d'autres parties neceſſaires pour la perfection deſdites machines, & y a quelque aparence que leſdites machines ont eſté faites pour ſonner auec la main, & les antiques n'ayant encores trouué l'inuention des ſoufflets, pour les y adioindre comme nous faiſons à preſent, vſoyent de vaiſſeaux, leſquels ſe rempliſans d'eau cauſoit l'air d'en ſortir, lequel faiſoit ſonner les pipes, comment il ſe peut comprendre en pluſieurs theoreſmes dudit liure de Herone, & auſſi au neufuieſme liure chapitre neufuieſme de Vitrune ou il dit que Steſibie qui viuoit vn peu auparauant, ledit Herone trouua beaucoup d'inuentions pour repreſenter la vois d'oiſeaux, & autres ſubtilitez, par le moyen de l'eau, & auſſi ledit Vitrune parlant de la machine hidraulique met en auant l'uſage de deux pilons ſeruans à donner le vent aux tuyaux, & en oultre dit que les marches, ou touches du clauier, doiuent eſtre preſſez par les doigts de l'Organiſte, ce qui demonftre qu'il faloit ſe teruir des doigts pour iouer ſur le clauier, & que leſdites machines ſe nommoyent hidrauliques ſeulement à cauſe

Vitrune liure 10. chap. 18.

A ij

que l'eau causoit le vent de sortir, qui faisoit sonner les tuyaux, car ce mot hidraulique est grec, qui vaut autant à dire comme eau sonnante.   Or depuis le temps de
Vitrune qui viuoit au temps de Iule Cesar, iusques au temps du Roy François I. les
sciences ont esté fort peu estimées, & y a eu fort peu d'hommes doctes qui ont vescu
pour nous donner cognoissance des inuenteurs des choses, c'est pourquoy il est fort
difficile de sçauoir quand lesdites orgues ont commencé a estre en vsage auec les souflets, ★ Zarlin dit auoir eu vn sommier d'orgues, lequel auoit serui dans vn mona-
stere de Grade cité antique, laquelle fut ruinée il y à enuiron mille ans, lequel sommier est fait d'vne fort simple façon, auec seulement 15. touches & trente tuyaux,
sans aucuns regiſtres, ie croy bien que ce sommier a esté vn des premiers, d'autans qu'il
ne pourroit presque estre plus simple, & du depuis l'on à aiousté tant de pieces pour
la perfection desdites orgues, que à present elles surpassent toutes sortes d'instruments
en douceur & harmonie aussi c'est celle qui represente le mieux la voix naturelle de
tous les autres, & y a grande proximité entres vne orgues bien ordonnee, pour representer les voix humaines, & les voix naturelles, aussi les Organes qui causent le son
des orgues, se peuuent fort bien comparer aux Organes, qui causent les voix humaines, les soufflets aux poulmons de l'homme, les soupapes, aux leures, le clauier aux
dents, les tuyaux à la gorge, la main qui ioue a la langue, en sorte que si chacun ton
audites orgues, estoit diuisé en 9. & 10. partie, comme ie pretends cy apres monstrer
à faire ladite diuision, mesmes les voix, quelques bonnes qu'elles fussent & bien ma-
niees, ne pourroyent surpasser ledit instrument.

Ce qui est requis pour la fabrique des Orgues.

LA science de bien faire & ordonner vn ieu d'Orgues, est laborieu-
se, plaine de grande industrie, & requiert vn homme qui aye la cognoissance, au moins de trois arts, premierement est besoing qu'il
soit bon musicien, tant en la theorique, pour bien ordonner la mesure conuenable aux tuyaux, comme aussi en la pratique, pour ioüer & bien accorder lesdits tuyaux, les vns auec les autres, seconde-
ment faut qu'il sçache l'art de plomberie, pour bien sçauoir ietter
le plomb & l'estain en table, & fabriquer les tuyaux, chacun en sa proportion, tierce-
ment est aussi necessaire, qu'il aye bonne cognoissance de l'art de menuisserie, pour
sçauoir bien ordoner ce qui despend du sommier, des regiſtres, & soufflets, & ayant
bonne cognoissance de ces trois arts, il sera capable d'estre bon maistre, & d'autant
que ie ne n'ay veu encores aucun autheur, qui aye donné intelligence de cest art, il
m'a semblé bon & necessaire pour l'accomplissement de ce liure, de demonstrer ce qui
despend de ladite science, tant pour seruir à aucunes machines hidrauliques traitées
en cedit liure, comme aussi en quelques autres constructions d'Orgues, ie commenceray doncques à monstrer les mesures propres & conuenables pour les tuyaux puis
apres toutes les pieces conuenables & despendantes de ladite science.

P R O,

Zarlin. Sup-
plementi mu-
sicali libri o-
ctuc cap 3.

PROBLESME I.

La maniere comme il faut jetter le plomb & l'estain pour la fabrique des Orgues.

VANT que de parler de la mesure des Orgues, ie monstreray icy la façon d'aprester le plomb & l'estain, pour la fabrique des tuyaux, doncques l'on prendra du plomb le plus doux que l'on pourra trouuer de fort viel, il ne sera que meilleur, prenant garde qu'il n'y aye aucune soudure auec en le fondant, puis l'on aura vne table de pierre, ou de bois bien vnie de 12. où 15. pieds de long, & vn & demi où deux de large, laquelle sera plus haute esleuée d'vn costé que de l'autre, comme la figure le demonstre, & selon l'espesseur que l'on desire donner au plomb, car le voulant faire delié, il faudra qu'elle panche fort, & faudra doubler ladite table par dessus de 3. ou 4. doubles de bonbazin où de coustil, acommodé auec de la craye, pour le rendre plus vni, l'on aura aussi vne cassette, nommée rabot marqué B. laquelle se pourra glisser au long de ladite table, en sorte que le plomb estant fondu de bonne sorte ce que l'on cognoistra en poussant vne petite piece de papier dedans, & le retirant vistement, s'il se brusle, ledit plomb sera trop chaud, mais si la couleur du papier change, & qu'il deuiene fort roux, il sera assez, puis en faudra ietter sur le bout de la table, laquelle à cause de la pente qu'elle a, & le rabot estant fait en sorte, comme il se peut voir en la figure, le plomb demeurera enclos, entre les trois costées dudit rabot, & incontinent celuy qui tiendra ledit rabot, le glissera au long de ladite table, selon l'espesseur qu'on y veut donner car en tirant fort viste, il se fera fort deslié, & doucement il se fait plus espais, & faut garder de ne le tirer par sauts car l'espesseur ne seroit esgale, & quand à l'estain il se iettera aussi de la mesme façon, mais il ne faut pas qu'il soit fondu si chaud, & faut aussi prendre garde que si c'est d'estain d'Angleterre trespur, de mesler cinq ou six liures de plomb auec vn cent dudit estain lequel le fera coustler mieux en iettant.

PROBLESME II.

Inſtrument par lequel on fera le plomb & eſtain fort vny
& d'vne eſgale eſpeſſeur.

APRES que le plomb & l'eſtain ſera ietté en table, l'on aura vn inſtrument pour le faire vny, fait comme il ſe peut voir en la ſuiuante figure, ou il y aura deux rouleaux de fer ou de cuiure marquees A. B. bien ronds & vnis de tous coſtez & a laxe de celuy A il y aura vne croiſée pour tourner ledit rouleau a force de bras, & entre leſdits rouleaux l'on mettra la piece de plomb que l'on deſire faire vnie, & tournant ladite croiſée, le plomb paſſera entre leſdits rouleaux, & ſe fera fort vny & liſſé, & à celle fin de donner telle eſpeſſeur au plomb que lon voudra, les deux vis marquees C. D. ſe tourneront & pouſſeront vne piece de cuiure contre laquelle laxe de rouleau, de haut tourne ce qui ſe pourra fort bien comprendre par la piece particuliere marquee E. & tout ainſi comme l'on vſe du plomb, l'on vſera auſſi de l'eſtain.

PRO.

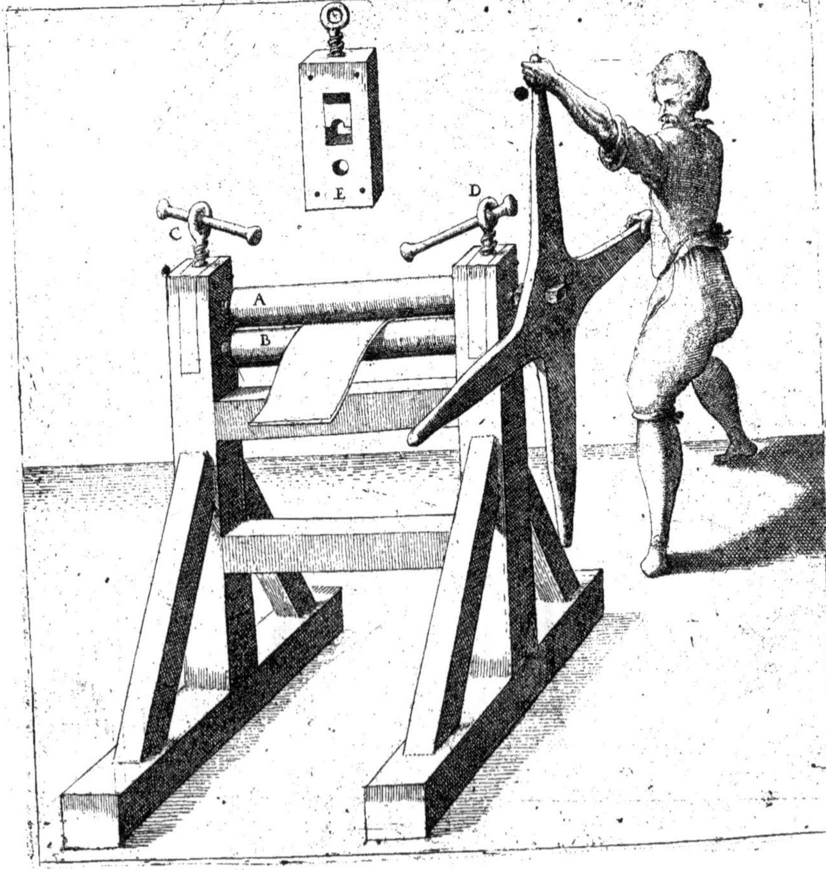

PROBLESME III.

*Comme il faut donner la mesure au Sistesme communement
dit Diapason.*

OVTRE les Orgues bien ordonnées sont faites en sorte que les tuyaux qui sonnent F. FA VT. sont de 3. pieds en longueur, ou de six
ou de douze, ou de pied & demi, la raison est, à celle fin d'accommoder les voix auec lesdits tuyaux, car s'ils n'auoyent ceste longueur
ou bien pres d'icelle, lesdites voix seroyent fort contraintes c'est a
dire trop hautes ou trop basses pour s'accommoder auec, nous commencerons doncques par vn Sistesme d'vn pied & demi en longueur marqué F. H. qui sera la longueur du tuyau F. FA VT. depuis la bouche
iusques au bout de haut, apres l'on diuisera toute ladite longueur F. H. en deux
parties esgalles au point f. & ainsi f. H. sera la longueur du tuyau Diapason ou octaue contre F. H. apres toute la longueur F. H. sera diuisée en trois parties esgalles au points F. C. Cc. & c. H. & ainsi C. H. sera la longueur du tuyau dia-
pente ou quinte contre F. H. apres toute la ligne sera diuisée en 4. parties esgalles
au points F. B. B. f. f. ff. & ff. H. & ainsi B. H. sera diatessaron, ou quaate contre
F. H. apres toute la ligne sera diuisée en 5. parties esgalles aux points F. A. A. D.
D a. a. aa. & aa. H. & ainsi A. H. sera diton contre F. H. apres soit toute
la ligne diuisée en 9. esgalles parties & ainsi G. H. qui contient huit desdites parties sera vn ton maior, plus haut que F. H apres soit la partie D. H. diuisée en
9. parties esgalles, & E. H. qui contient huit desdites parties sera vn ton maior plus
haut que D. H. & apres lon diuisera la partie A. H. en 9. esgalles parties & H.
qui contient huit desdites parties sera vn ton maior plus haut que A H. tellement
que par ceste diuision l'on aura les longueurs des tuyaux compris soubs le premier
Diapason a sçauoir F. G. A. B. . C. D. E. f. & aussi partie des autres interualles
superieures, & pour auoir le reste l'on diuisera celles de bas par moitié & mettant ladite moitié au dessus de f. se fera tousiours l'octaue de celle de bas & ponr auoir les
interualles au dessus de ff. l'on diuisera celles du premier Diapason en 4. ou du second
en 2. & ainsi lon les mettra au dessus de ff. reste pour auoir la mesure des feintes, premierement celle entre C. & D. qui doibt estre vn diton contre A. c'est pourquoy diuisant la partie A. H. en 5. parties esgalles C. H. qui contient 4. desdites parties ce sera la feinte entre C. & D apres pour auoir la feinte entre D. &
E. l'on diuisera la partie de ligne ♭ H. en 5. esgalles parties & 4. d'icelles marquées
D. ✕ H. sera la feinte, apres pour auoir la feinte entre G. & A. l'on diuisera la partie
C. ✕ H. en 3. parties & adioustant encores vne desdites parties audits 3. l'on aura la
partie G. ✕ H. qui est la feinte entre G. & A. apres pour auoir la feinte entre
f. & g. l'on diuisera la partie D. H. en 5. parties esgalles & 4. d'icelles marquées f. ✕
H. sera la feinte entre f. & g. Et pour auoir les feintes des autres Diapasons l'on diuisera ceux cy en deux pour les mettre au deuxsiesme & en quatre pour troisiesme &
ainsi l'on aura les 43. mesures de tuyaux depuis F. iusques à ccc.

Apres pour auoir les largeurs desdits tuyaux, premierement l'on diuisera la longueur
F. H. en 5. parties esgalles & 2. d'icelles seront pour la circonference du tuyau F. c'est
pourquoy l'on mettra ladite ligne de la circonference à droit augle sur F. & sera
marquée F. N. apres l'on tirera sur le point ccc. vne ligne ccc. P. esgalle
Ccc. H. & apres l'on tirera vne ligne P. N sur laquelle seront tirées toutes les
pararelles de tous les points des longueurs & ainsi toutes lesdites lignes monstreront
les circonferences de tous les tuyaux.

A iiij

PROBLESME IV.

Pour donner la mefure aux autres Siftefmes bouchees.

T quand lon voudra faire vn Siftefme, vn Octaue plus bas que le precedent, il faudra que tous les tuyaux foyent iuftement de double longueur, & fi on le veut auoir vne quinziefme plus bas, alors il faudra que chafun tuyau foit 4. fois auffi long comme le fufdit, & fi on le veut vn 22. plus bas, alors il le faudra 8. fois auffi long qui font 12. pieds de long, & quand à la circonference voici comme l'on y procedera, pour la doubler, il faudra faire vn quarré de la ligne F. N. marqué icy G. F. E. H. apres il faudra prendre le diamettre dudit quarré F. H. lequel feruira pour vn des coftez du quarré A. B. C. D. & ainfi les quatre lignes des coftés du quarré A. B. C. D. eftant iointes enfemble fera la circonference du tuyau F. de trois pieds bouché ce qui fe demonftre, d'autant que ledit quarré A. B. C. D. eft iuftement double à celuy E. F. G. H. car le triangle F. G. H. eft la moitié dudit quarré E. F. G. H. & ledit triangle, n'eft que le quart du grand quarré, & fi l'on defire auoir la circonference d'vn regiftre de 6. pieds bouché, l'on doublera encores ledit quarré A. B. C. D. & pour la circonference d'vn de 12. pieds, on la quadruplera, & ainfi iufques à l'infini, l'on pourra auoir des tuyaux grands ou petits.

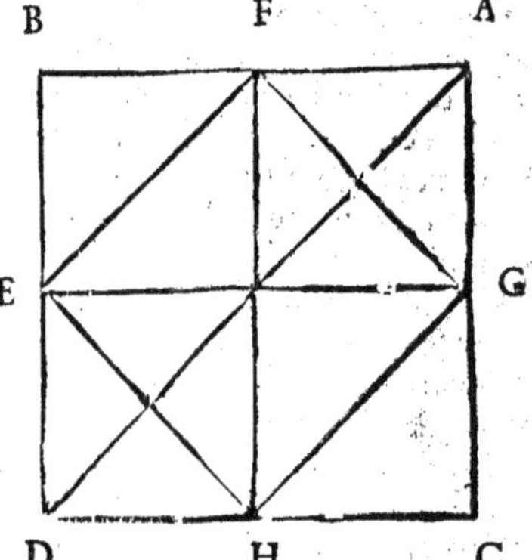

PROBLESME V.

Pour faire les Siftefmes de tuyaux ouuerts.

Ais fi l'on veut faire des tuyaux ouuerts l'on diuifera iuftement la moitié de la largeur F. N. au point R. & autant a ccc. P. au point Q. & ainfi l'on tirera vne ligne R. P. trauerfante toutes les pararelles tellement que cefte ligne donnera toutes les circonferences des tuyaux, & fi le Sifteme eft plus grand on fera la femblable diuifion.

P R O-

PROBLESME VI.

Pour faire les Sistesmes de tuyaux acheminee.

L se fait encores d'vne autre sorte de tuyaux nommées ordinairement tuyaux acheminée, lesquels sont vn peu plus forts de son, que
tuyaux bouchez, mais au reste ils ont la mesme harmonie la forme
d'vn diceux est icy suiuant, & la mesure des Sistesmes desdits tuyaux ne se peut pas donner si iustes, comme les precedents, mais voici comme l'on procedera, l'on prendra la longueur & largeur du tuyau
D. SOL RE. lequel est vne tierce minor plus bas que F. FA,
VT. & ladite mesure seruira pour F. FA, VT. & AAA. Seruira pour ccc. &
ainsi entre ces deux distances l'on composera toutes les autres lignes pour les autres
tuyaux, & pour la mesure de la cheminée, l'on prendra le quart de longueur de la circonference de chascun tuyau pour faire la circonference desdites cheminees & la moitié de la circonference de chascun tuyau sera la longueur de ladite cheminée.

PROBLESME VII.

De la proportion de la bouche des tuyaux.

APRES que les tuyaux sont taillez en la longueur & largeur, il sera
besoin de tailler la bouche, laquelle se fera suiuant la force que lon
desire que les tuyaux sonnent, mais la façon la meilleure est de di-
uiser la largeur du tuyau en 4. parties & vne d'icelle mettre au millieu de la largeur du tuyau comme il se peut voir aux suiuantes figures; A. B. C. D. ou B. C. est le quart de A. D. & quand
c'est pour vn tuyau bouché ladite largeur B. C. se diuisera en quatre parties pour faire la largeur de l'ouuerture B. E. F. C. mais quand c'est pour des
tuyaux ouuerts ladite largeur de l'ouuerture, se diuisera en 5. parties & vne d'icelle sera
a largeur de l'ouuerture, & si l'on veut faire sonner lesdits tuyaux plus haut il faudra
faire ladite ouuerture plus large.

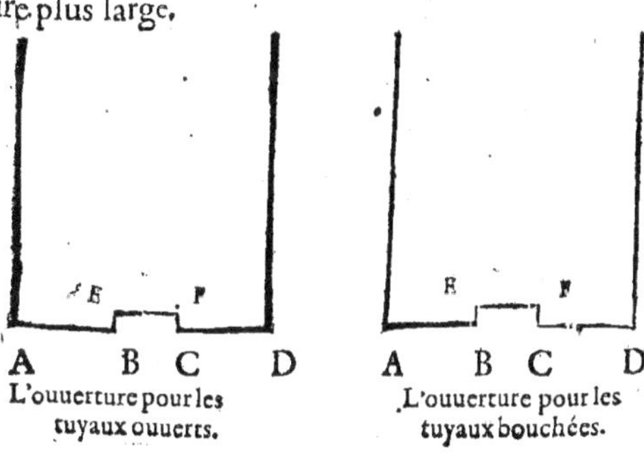

L'ouuerture pour les
tuyaux ouuerts.

L'ouuerture pour les
tuyaux bouchées.

PROBLESMES. VIII.

De la proportion de la languette des tuyaux.

L A languette des tuyaux est vne platine laquelle se soude entre le pied
du tuyau & le corps & lespesseur de ladite platine se fera de la troisiesme partie de la largeur de la bouche du tuyau, & se taillera en lendroit
de louuerture vn peu en tallus par dehors assauoir le quart d'vn angle
droit, & sera bon dauoir vn petit triangle de cuiure pour voir que la
taille de ladite languette soit au plus pres suiuant icelle, & faut aussi
que ladite taille soit nettement faite, & sera bon que le plomb dequoy
sont faite lesdites languettes, soit meslé d'vn peu d'estain sçauoir dessus vingt liures de
plōb 5. liure d'estain pour les rendre vn peu plus fermes, & lon fera vne table dudit plomb
a propos pour c'est effect assez espaisse, & l'on passera les pieces par dedans l'instrumens
demonstré au 2. problesme selon l'espesseur que l'on les veut auoir.

PROBLESME IX.

Pour faire le pied des tuyaux.

L E pied des tuyaux, tant aux ouuerts comme aux bouchés se taillera auec
le corps du tuyau toute d'vne piece , & deuant que le couper & se-
parer ledit pied d'auec le corps, l'on marquera auec la pointe d'vn cou-
steau les mesures de la bouche, comme il se peut voir à la figure suiuante, & aussi l'on taillera le pied en cone comme il se peut voir en ladite figure, & l'ouuerture par ou doibt entrer le vent, se fera assez petite car
apres que les tuyaux sont posés sur le sommier, s'yls n'ont assez de vent par ladite ouuerture elle se pourra agrandir facillement.

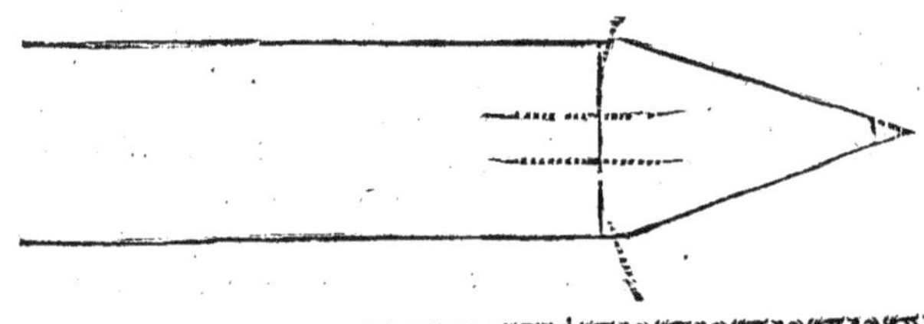

PROBLESME. X.

Pour accorder les tuyaux d'orgues , les vns auec les autres.

P REMIEREMENT faut auoir le fondement sur le plus grand tuyau du
Sistesme qui est F. FA. ut. & s'il y a nombre de registre lon acordera celuy de trois pieds bouché premierement, & ainsi lon acordera
toutes les notes qui sont en F. FA. ut. dudit registres ce qui sera
aisé a faire prenant garde que les tuyaux ne sonnent point plus
fort l'vn que l'autre, & que quand on sonne auec deux tuyaux
ensemble a vne octaue, l'vn de l'autre qu'il semble qu'il
ny en a

ni en a qu'vn, & pour hausser ou baisser le son des tuyaux bouchez, l'on soudera des petites platines de plomb dites oreilles des deux costez de la bouche desdits tuyaux, & serrant lesdites oreilles le tuyau sonnera plus bas, & les eslargissant, il sonnera plus haut apres auoir acordé les F. Fa. ut. il faudra acorder les quintes desdits F. Fa ut. qui font les c. sol. Fa. ut. & prendre tousiours bien garde qu'vn tuyau ne sonne point plus que l'autre, car c'est vn grand defaut aux orgues quand aucuns des tuyaux sonnent plus fort les vns que les autres, apres l'on acordera les C. sol. Re. ut. qui sont vne quinte chascun plus hauts que les C. sol. Fa. ut. & ainsi de quinte en quinte l'on acordera tout vn registre, mais il faut bien garder de ne faire lesdites quintes trop hautes ce qui arriue souuent faute d'experience, & apres qu'vn registre sera bien d'accord, il sera fort facile d'acorder tous les autres par octaues plus hauts, ou plus bas ouurans les bouts de haut desdits tuyaux pour rendre le son plus aigu, ou le reployant en dedans pour le rendre plus graue.

PROBLESME XI.

De la conuenance qu'ont les rogiſtres les vns auec les autres.

REGISTRE est icy apelé vn seul lieu de tuyaux de quelque grandeur ou espece que ce soit, & mettant quelquefois trois ou quatre ou d'auantage de ieux ou registres ensemble, ils s'acorderont bien, mais aucuns ne s'acordent du tout auec, ie parleray icy de deux qui se peuuent bien acorder pour nos machines hidrauliques, si lesdites machines ne sont acompagnées de soufflets, & que le vent est poussé aux tuyaux par quelques conserues à vent comme à esté monstré au 24. problesme du premier liure, & si le cours de l'eau qui entre dans la conserue est grande, & qu'on veuille representer le son d'vne Lire alors l'on mettra trois registres ensemble, sçauoir vn trois pieds bouché, vn pied & demi bouché, & vn trois pieds ouuert & lesdits registres estant bien acordez ensemble pourront representer le son de la Lire, mais s'il n'y auoit pas si grande quantité d'eau, alors l'on ne mettra que deux registres sçauoir vn pied & demi bouché, & vn trois pieds ouuert, & si la machine est faite pour sonner auec des soufflets, comme au 29. problesme du premier liure alors l'on pourra faire qu'il y aura plusieurs registres pour aporter vne varieté d'harmonie, & si l'on veut representer vne grande harmonie l'on mettra deux registres de six pieds bouchez a vnison ensemble, & deux de trois pieds aussi à vnison, quand au registre propre pour representer le flaiolet, comme est descrit au problesme du premier liure, il se fera de la mesure d'vn pied & demi ouuert, mais si l'on y met deux registres à vnison il aura beaucoup plus de grace, pourueu qu'ils soient bien d'acord ensemble.

PROBLESME XII.

Des Pedalles.

DEPVIS quelque temps en çà l'on a commencé à vser de pedalles aux orgues, qui sont tuyaux au dessoubs de F. Fa ut. pour sonner vne octaue plus bas que les plus basses comprises au clauier, & sont apelées pedalles à cause que l'on ioüe du pied sur le clauier desdits tuyaux i'en ay veu ou il y en auoit douze à sçauoir C. D. E. F. ✶ G. A. B. ♯. C. D. E. autres n'en ont que trois à sçauoir C. D. E. les mesures de tels tuyaux seront aisées à trouuer par le moyen des autres.

PROBLESME XIII.

Du Sommier.

E sommier, d'aucuns apelé secret, est ce que Vitruue nõme canon mu-
sical, lequel est fait comme vn coffre ou est enserré le vent qui vient
des soufflets, & dedans iceluy sont les soupapes, lesquelles quand elles sont poussées ouuertes, le vent vient aux tuyaux & les fait sonner,
il faut que ledit sommier soit fait de bois de chesne fort sec & bien
de droit fil, dont la partie de la figure sera ici representée au plan perspectif A. B. C. D. & pareillement aux deux de l'ortografie, &
ingnografie, les pieces marquées M. sont les soupapes lesquelles seront bien doublées de cuir bien doux & vni à celle fin que quand elles sont serrez le vent ne passe
entre deux, la piece en l'ortografie marquée H. est vn des resors de cuiure qui tien-
nent lesdits soupapes serrées, ce qui est notté de la lettre E. en l'ingnografie sont
les graueures qui sont poussées ouuertes, ce qui est noté de la lettre L. sont les touches du clauier, lesquelles quand elles sont abaissées pas la force des doigts ou des cheuilles posées en la rouë musiqualle des machines hidrauliques, ouurent les soupapes,
par le moyen d'vn petit fil de cuiure, qui les abaisse, ce qui est marqué en l'ortografie
de la lettre F. est vn des trous rond qui porte le vent depuis la graueure E. iusques au porteuents marqués de la lettre G. & est besoing que ledit sommier soit
fait auec grande diligence, & que les soupapes soyent colées par vne queuë de cuir
qui surpassera le bout d'icelle en sorte qu'elle puisse ouurir & serrer bien iustement &
sera bon que les resors de cuiure H. soyent forts aux sommiers qui doiuent seruir
pour les machines hidrauliques, car estans foibles comme ceux des sommiers ordinaires il y a tousiours quelque chose à raccommoder, quand à la grandeur de la gra-
ueuré elle sera au moins demy pouce de large vn pouce de profondeur & six pouces
de long, & pour les gros tuyaux lesdites graueures seront vn peu plus grandes.

ORTO-

ORTOGRAFIE.

INGNOGRAFIE.

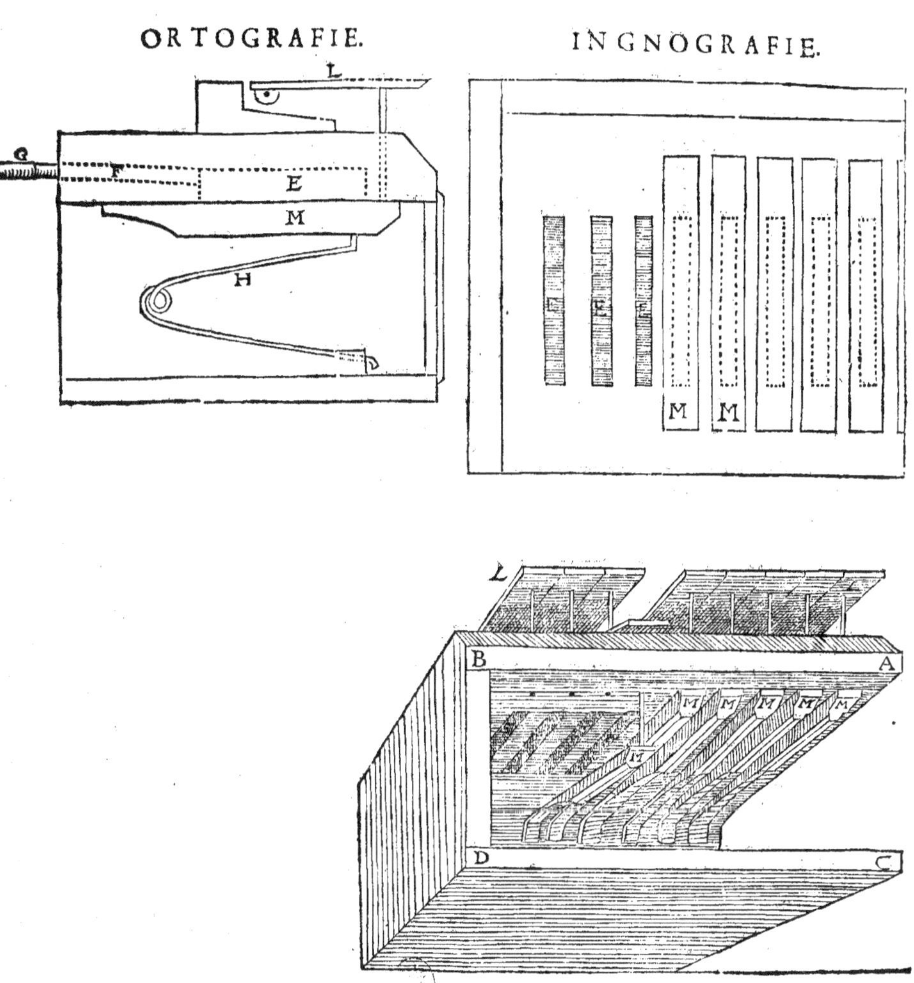

PROBLESME XIV.

Du fommier ou font les regiftres.

Ux orgues ordinaires, les tuyaux fe mettent fur le fommier, c'eft pourquoy il eft apelé ainfi, d'autant qu'il fouftient lefdits tuyaux, mais aux machines hidrauliques il fera bon que le fommier foit diuifé en deux, fçauoir vn, auquel fera les foupapes duquel à efté parlé au precedent problefme, & l'autre duquel nous parlerons à prefent, ou feront les regiftres, lequel fera eflongné de 4. ou 5. pieds du precedent, en forte qu'il y puiffe auoir vne muraille où quelque feparation entre lefdits fommiers, à celle fin de noüir le bruit du mouuement de la machine, & le vent fera communiqué à ce prefent fommier de l'autre, par des porteuents, la grandeur dudit fommier fera felon la groffeur des tuyaux que l'on à de poffer deffus, la forme d'iceluy fera comme la figure fuiuante marquée A. B. C. D. la table de deffoubs marquée I. L. fera de bois de chefne bien fec, de deux pouces d'efpais, & fera percée de cofté (auec vne tarelle bien droite) à vn pouce pres du bout, fçauoir en ceftuy-ci 24. trous, & s'il y a d'auantage de touches, l'ony mettra d'auantage de trous, puis l'on mettra des reigles de bois bien droites autant comme l'on voudra auoir de fortes de ieux, lefquelles reigles font apelées regiftres marquees E. F. G. H. alants d'vn bout à l'autre du fommier & feront areftées à des petites cheuillettes de fer marquées M. N. O. P. en forte que lefdits regiftres puiffent gliffer entre vne autre table nommée chape laquelle eft marquée R. Q. apres l'on percera la table de deffus, & les regiftres iufques à rencontrer les trous trauerfans, en forte que lefdits trous puiffent eftre eflongnés de 3. ou 4. pouces felon la groffeur des tuyaux, & fera bon que chafcun regiftre foit percé de deux rengs de trous, comme il fe peut voir en la figure, & faut que quand l'on pouffera lefdits regiftres, que les trous qui font en iceux, fe rencontrent, non contre ceux des deux tables, mais iuftement entre deux, à celle fin de boucher le vent defdits regiftres quand l'on voudra, & quand l'on tirera lefdits regiftres, alors les trous d'iceux fe rencontreront viftement vis auis de ceux des deux tables lefquelles feront doublées de cuir bien doux, & bien colé à celle fin que les regiftres puiffent bien gliffer entre deux, & en outre faut que lefdites tables foyent fermées l'vne auec l'autre, auec quelques vis ou clous, en forte que lefdits regiftres puiffent gliffer entre deux facilement, & au deffus de la chappe fera vne autre table vn peu plus efpaiffe que les regiftres, toute plaine de trous grands comme le haut du pied de chafcun tuyau, & fera eflongnée de 6. ou 8. pouces de la chape laquelle feruira pour aider à tenir les tuyaus droits, la branche de fer marquée T. feruira pour ouurir ou ferrer le regiftre.

PRO.

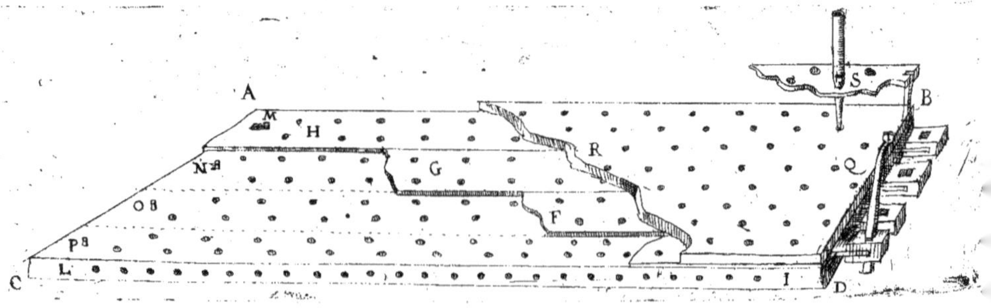

PROBLESME XV.

Des porteuents.

QVAND aux porteuents ils se feront de plomb ou de cuiure, & s'il y a 5. ou 6. pieds de distance entre les deux sommiers, & qu'il y aye 3. ou 4. registres pour sonner ensemble, on fera lesdits porteuents d'vn pouce en diamettre par dedans & seront bien ioints, dans les trous desdits sommiers, & s'il y a des tuyaux qui surpassent 3. pieds à ceux la on les fera plus grands, il est bien vray qu'il y a fort peu d'orgues, où les porteuents soyent si grands, mais aussi c'est vne faute ordinaire de les auoir si petits, & cela est cause qu'il faut vn grand pois sur les soufflets, & aussi les tuyaux n'en sonnent pas si nettement, & s'il se peut faire que les soupapes soyent fort grandes, & generallement toutes les graueures & conduits pour conduire le vent aux tuyaux, car par ce moyen les soufflets n'auront que, faire d'estre si forts chargez de pois, & aussi les tuyaux auront le son beaucoup plus net, & a ceux ou le vent viendra trop fort il faudra serrer le bout du tuyau autant qu'il faut pour le faire sonner en sa nature.

PROBLESME XVI.

Des soufflets.

LEs soufflets feront selon la proportion des tuyaux & registres, s'il y a trois ou quatre registres, & que le plus grand tuyau ne soit que de trois pieds, les soufflets auront au moins cinq pieds de long & deux & demi de large, & seront au nombre de 4. si cest qu'ils doiuent estre leuez par la force de l'eau comme à esté monstré au 29. probleme du premier liure, autrement si on les léue auec la force de la main, trois seruiront, & s'il y plus grands nombre de registres, & aussi qu'il y aye de plus grands tuyaux, l'on fera les soufflets plus grands & en plus grand nombre, car le plus qu'il y en a, sera le meilleur, & aussi le plus pres qu'ils feront du sommier, & les faut faire en forte qu'ils puissent tenir bien le vent, en doublant bien toutes les fueilles de bois par dedans, & aussi le cuir qui ioint lesdites pieces ensemble de parchemin bien collé, car le vent passe tant à trauers le bois comme aussi du cuir s'il n'est doublé de la façon.

PRO-

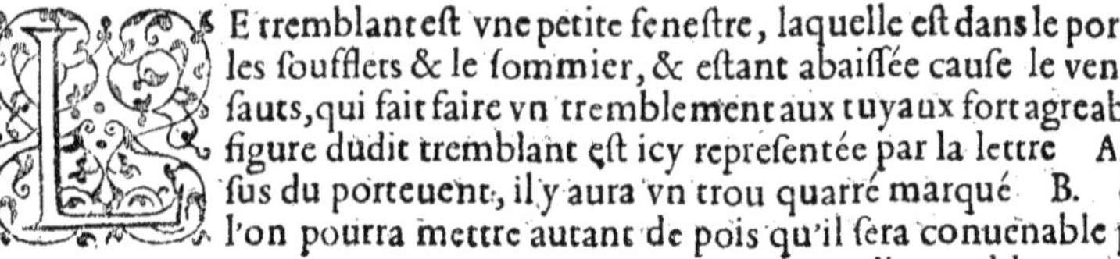

PROBLESME XVII.

Du tremblant.

E tremblant eft vne petite feneftre, laquelle eft dans le porteuent entre les foufflets & le fommier, & eftant abaiffée caufe le vent a fortir par fauts, qui fait faire vn tremblement aux tuyaux fort agreable a loüie, la figure dudit tremblant eft icy reprefentée par la lettre A. & au deffus du porteuent, il y aura vn trou quarré marqué B. & par iceluy l'on pourra mettre autant de pois qu'il fera conuenable pour faire le-dit tremblant trembler à pro-

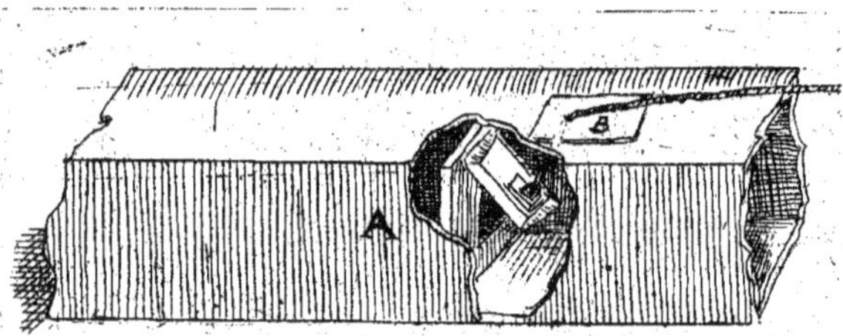

pos, & fuiuant la grandeur & pefanteur qu'il y a fur les foufflet le porteuent fera grand fçauoir s'ils ont quatre pieds de long & deux de lar-ge, ledit tramblant aura de-mi pied de long & quatre pou-ces de large, & s'ils ont fix pieds de long, & trois de lar-ge, il aura 8. pouces de long, & fix de large, & faudra qu'il y aye vn petit anneau deffus pour y paffer autant de platines de plomb, comme il fera befoing pour le faire trembler apropos.

Aucunes Reigles en general, pour la fabrique des Hidrauliques.

L y a plufieurs chofes remarquables en la fabrique des hidrauliques que la practique enfeigne, & dont on fe trouueroit empefché d'en rendre raifon, quand l'on veut faire fonner deux regiftres à vnifon l'vn de l'autre ou a l'octaue fi lefdits regiftres font eflongnez l'vn de l'autre de trois pieds ou enuiron, ils fonneront bien plus hauts enfemble, que s'ils eftoyent ioingnants l'vn de l'autre, comme on fait ordinairement, c'eft pourquoy quand la place le peut permettre, il faut eflongner lefdits regiftres aucunement l'vn de l'autre, & ne faut pas auffi les met-tre fi loings, car la longueur des porteuents empefche, & eft caufe qu'il faut vn plus grand pois deffus les foufflets, & fi la machine eft faite en forte que le vent vienne aux tuyaux, d'vne conferue à vent, alors il fera bon que les tuyaux foyent de cuiure, & fpecialement les petits, & les grands auront les languettes, & le pied de cuiure, le refte pourra eftre de plomb, & ce d'autant que l'air qui procede de la conferue, eft extre-mement humide, & eft caufe de gafter le plomb & l'eftain & y engendrer de la cerufe qui bouche quelquefois l'ouuerture de la bouche, & le pied des tuyaux, ce qui les empefche de fonner, quand aux foupapes des machines qui iouent auec les foufflets, elles feront larges au moins d'vn pouce, & fix ou fept de long, qui eft plus qu'ordinairement on ne donne aux orgues de moyenne grandeur, mais aux ordinaires, le clauier eft abaiffé fort bas, ce qui caufe les foupapes de s'ouurir fort larges, mais aux hidrauliques, quand ce sont des crochets, ou demis crochets , (à cause de la vitesse du mouuement) lesdites soupapes ne se peuuent pas beaucoup ouurir , c'est la raison pourquoy il les faudra faire vn peu plus grandes , a celle fin d'auoir la graueure plus large , il y a aussi vne chose fort a considerer, c'est que si l'on desire se seruir de soufflets, dedans quelque grote , il faut que le lieu ou ils seront, soit fort sec & non humide , comme aussi le reste du mouuement, & en oultre , il sera bon que lesdits soufflets soient enclos dans vne petite chambrette bien close de planches, y laissans seulement vne petite ouuerture, pour laisser entrer l'air dedans pour lesdits soufflets, & si la place est fort humide, alors l'on fera la machine auec des robinets & vne conserue a vent, comme à esté enseigné en la fin du premier liure, laquelle inuention est plus rare, & exquise que l'autre, mais aussi elle est plus difficile, & estant vne fois bien faite elle peut estre de longue durée & aporter vn grand plaisir, ie mettray fin pour le present à ce troisiesme liure esperant auec le temps d'en faire encores vn ou seront monstrées quelques machines fort rares, & que ie tiens fort secrettes, & entre les autres, vne qui representera vne musique plus parfaicte qu'aucune humaine creature ne peut faire, soit auec les voix ou instruments m anuels.

TABLE DES DEFINI-
TIONS THEORESMES ET
PROBLESMES CONTENVS AVX
trois precedents liures.

DEFINITIONS.

THEORESMES.

PROBLESMES.

Machine

Table.

TABLE DV SECOND LIVRE.

TABLE DV TROISIESME LIVRE.

FIN.

Fautes à corriger.

Fueillet 1. ligne 15. car tout autre feu ou chaleur, eſt ſubiecte à nourriture, & ce qui eſt ſubiect à perir.	Liſez car tout autre feu ou chaleur eſt ſubiecte à nourriture & ce qui eſt ſubiect à nourriture eſt ſubiect à perir.
Fueillet 3. ligne 2. qu'il ſe peut voir que l'eau s'eſtoit eſuaporee.	Liſez qu'il ſe peut voir que l'eau qui s'eſtoit eſuaporee.
Fueillet 3. b. ligne 8. pour laiſſer paſſer entre ledit bout	Liſez pour laiſſer paſſer l'eau entre ledit bout.
Fueillet 6. ligne 18. & ſoit le milieu de ladite ligne, le point de grauité marqué C.	Cela eſt imprimé deux fois & le faut lire ſeulement vne
ligne 28. conreſpondant	Liſez correſpondant.
Fueillet 9. ligne 4. ſoupages	Liſez ſoupape.
Fueillet 12. b. ligne 22. bareils	Liſez barils
Fueillet 14. b. ligne 27. quand à la recourbeure du tuyau K.	Liſez quand à la recourbeure du tuyau K. elle eſt faite pour empeſcher que l'eau du vaiſſeau A. quand il eſt plain, ne tombe par iceluy tuyau au vaiſſeau B.
Fueillet 18. b. ligne 9. de faire des ouures perpetuelles	Liſez de faire des œuures perpetuelles
Le meſme, ligne 18. ceſte diſpoſition naturelle	Liſez ceſte diſproportion
Au problesme 26. il y doit auoir	Plan ingnografique de la grote de la galatee deſcrite au 24. probleſme, & celuy auſſi pour faire iouer le flaiolet deſcrit au 25. probleſme.
Fueillet 39. b. trentieſme robinet	Liſez troiſieſme robinet
Fueillet 42. b. ligne 27. pones en diamettre	Liſez pouces en diamettre

Ici ſuit le Siſteſme ou Diapaſon deſcrit au 3. probleſme.

Sisteme vulgairement dit Diapason seruar pour la mesure des tuyaux d'Orgues.

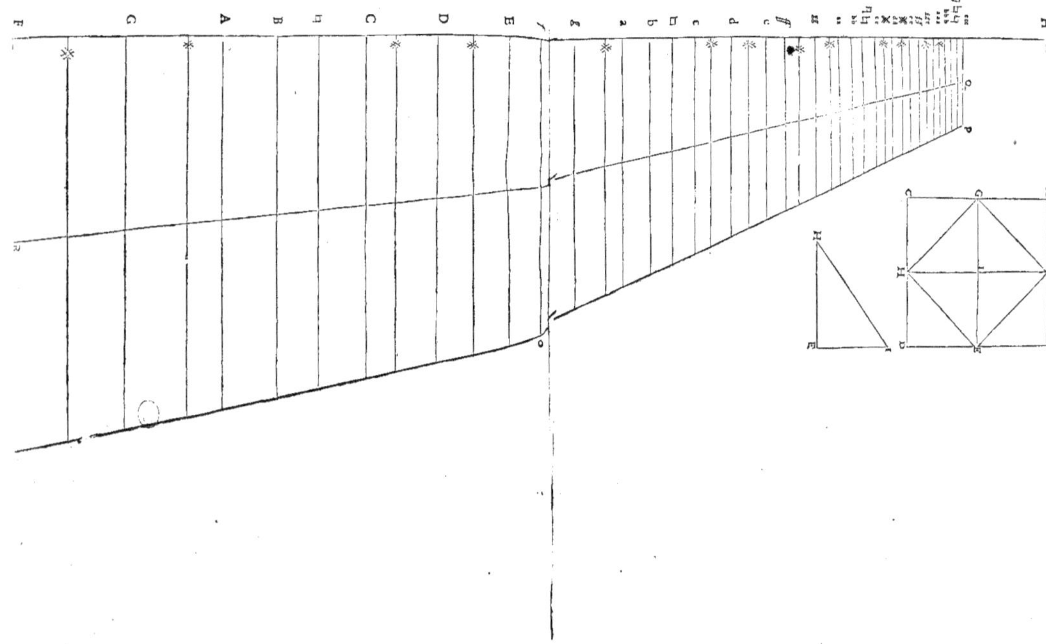